G. FORESTIER

INSPECTEUR GÉNÉRAL DES PONTS ET CHA

PROFESSEUR DU COURS DE ROUTES A L'ÉCOLE DES PONTS ET CHAUSSÉES

LA ROUE

Étude paléo-technologique

AVEC 161 FIGURES DANS LE TEXTE

BERGER-LEVRAULT ET Cie, ÉDITEURS

PARIS	NANCY
5, RUE DES BEAUX-ARTS	18, RUE DES GLACIS

1900

LA ROUE

ÉTUDE PALÉO-TECHNOLOGIQUE

INTRODUCTION

NOTIONS SUR L'EMPLOI DE QUELQUES ENGINS DE DÉPLACEMENT DES FARDEAUX

Traîneau.

La tendance à faire glisser sur le sol un fardeau trop lourd pour être porté est tellement instinctive qu'elle se rencontre chez nombre d'animaux [1].

Le traînage a cependant deux inconvénients : augmenter l'effort de traction de toutes les résistances supplémentaires provenant des irrégularités du corps à transporter; faire courir à ce corps le risque d'écorchures ou de détériorations produites par le choc contre les aspérités du sol.

C'est ce dernier inconvénient qui a surtout frappé le chasseur primitif. Il a dû bien vite songer à interposer entre le sol et le fardeau traîné un corps intermédiaire, protégeant la fourrure de sa proie contre les déchirures qui en auraient compromis l'utilisation ultérieure.

---

[1]   « L'un se mit sur le dos, prit l'œuf entre ses bras,
   « Puis, malgré quelques heurts et quelques mauvais pas,
      « L'autre le traîna par la queue. »
         La Fontaine, liv. X, fab. I. (*Les deux rats,
            le renard et l'œuf.*)

Le premier traîneau a été sans doute une branche d'arbre pourvue de deux ou trois rameaux sur lesquels le chasseur a déposé la bête tuée, trop lourde pour être rapportée sur ses épaules ou sur une civière, si on le suppose vivant en société.

Après quelque usage, les rameaux ont dû se casser. Il a fallu les remplacer par des morceaux de bois plus forts, reliés entre eux et avec la branche par des liens rudimentaires. L'homme s'est alors aperçu qu'il avait intérêt à profiter de ces réparations pour remplacer la branche, qui avec sa crosse terminale formait un timon incommode, par un morceau de bois, plus affilé dans la partie empoignée par les mains.

Fig. 1.

La figure 1, qui représente un traîneau employé dans l'armée siamoise pour le transport des bagages, peut donner une idée approximative de ce qu'a dû devenir à la longue le traîneau d'hommes pourvus d'un outillage rudimentaire.

Peu à peu, à mesure que l'outillage a progressé, l'homme a amélioré le traîneau en lui donnant une forme qui rendît son glissement plus facile. Lorsqu'il a disposé d'animaux domestiques, il a dû les utiliser pour sa traction.

A notre connaissance, on n'a pas retrouvé dans les sépultures ou les habitations préhistoriques de débris paraissant se rapporter à cet antique moyen de transport.

Lorsque l'homme, devenu civilisé, a éprouvé le besoin d'ériger des monuments et d'y représenter soit les hauts faits qu'il voulait transmettre à ses descendants, soit les incidents de sa vie publique ou privée, le traîneau était arrivé à un état de perfection relative, comme on peut en juger par les figures 2 et 3.

Fig. 2, tirée d'une représentation figurée sur la paroi de la carrière d'El-Masara ([1]).

Fig. 3, tirée de la représentation figurée sur la paroi de la carrière de Tourah ([2]).

Ces deux figures sont presque identiques. Cependant, sur la première, les traits reliant les bœufs intermédiaires au trait général ne sont pas figurés et le premier conducteur n'est pas placé du côté droit des bœufs.

La figure 4 est tirée de la

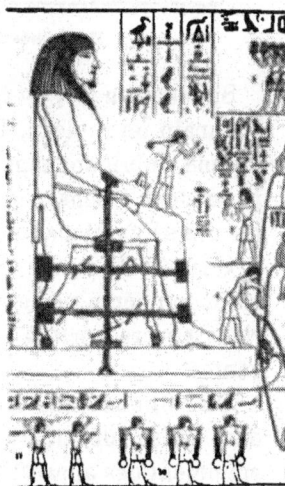

Fig. 4.

([1]) La carrière d'El-Masara fournissait de la pierre calcaire employée dans les plus anciennes constructions égyptiennes. On continua à l'employer accidentellement après l'avènement de la XIIᵉ dynastie.

([2]) Année XXII d'Âhmosis, de la dynastie thébaine qui a refoulé les Pasteurs et rendu à l'Égypte sa splendeur.

représentation peinte dans une grotte derrière Dayr, entre Antinoë et El-Bersch, et datant probablement du temps d'Oristasen II.

A noter, à l'avant du traîneau de cette figure, un homme qui verse sur le sol un liquide destiné à le rendre plus glissant. De plus, il n'y a trace ni de plancher ni de rouleaux.

C'est donc bien par glissement que les 172 hommes disposés en 4 files opèrent le transport du colosse d'El-Bersch.

La figure 5 représente un traîneau tiré par deux bœufs, sculpté dans un très vieux temple égyptien à El-Kab.

Fig. 5, tirée de *Girard*. T. 1. Pl. I. A (fig. 8).

Sur le traîneau, est représenté debout un homme tenant à la main un rouleau. Un homme verse sur le traîneau un liquide, lubrifiant sans doute. Cette représentation antique porte donc à penser que le traîneau était employé par les premiers Égyptiens pour le transport des produits de la terre.

Quand bien même aucun texte ou aucune figuration sur les monuments ne nous autoriserait à l'affirmer, nous serions encore porté à le penser par les considérations suivantes :

On sait que dans leurs cérémonies religieuses, surtout dans celles qui ont trait aux funérailles, tous les peuples emploient des appareils ou des engins archaïques remontant à l'origine de la race, bien que tombés depuis longtemps en désuétude dans la vie ordinaire.

Or, sur divers monuments, les Égyptiens nous ont laissé des dessins ayant trait aux cérémonies funéraires. On y voit, entre autres (fig. 6, 7 et 8), le transport d'une momie.

Fig. 6.

Nous retrouvons dans la figure 6 le personnage qui verse à l'avant du traîneau le liquide destiné à diminuer le frottement de glissement.

Fig. 7. — Transport d'une momie.

Fig. 8(¹). — Enterrement d'Harmhabi, Égyptien qui mourut à Thèbes sous le règne de Thoutmosis IV (XXᵉ dynastie).

(¹) Il existe au musée de Gizéh deux traîneaux de cette espèce trouvés dans le tombeau de Sounnozmou où on les avait abandonnés sans doute après le transport des momies.

En dehors de ces points de fait, une autre considération de linguistique peut conduire à la même conclusion.

Dans les hiéroglyphes anciens on ne trouve pas de signe idéographique signifiant roue ou char. Au contraire, non seulement ils renferment un signe idéographique représentant le traîneau, mais ce signe était usité comme signe syllabaire avec deux prononciations différentes suivant les mots dans la composition desquels il entrait.

Ce n'est pas seulement en Égypte que le traîneau glissant sur une surface plus ou moins onctueuse a été appliqué au transport des masses énormes. Il est encore en usage actuellement.

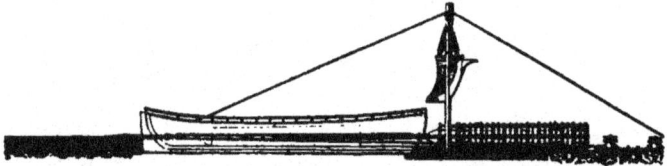

Fig. 9.

Ainsi la figure 9 représente la manière dont l'obélisque de la place de la Concorde a été conduit du temple de Louqsor aux bords du Nil sur le bâtiment qui devait le transporter aux rives de la Seine et amené, du quai bordant le fleuve, au bas du piédestal où il devait être érigé.

240 hommes agissant sur 10 cabestans ont fait glisser sur des couettes suiffées cette masse pesant

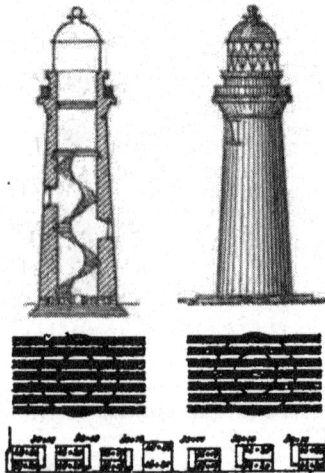

Coupe des madriers formant les voies.

Fig. 10.

239 000 kg. Lebas avait calculé qu'il suffisait d'un effort de traction de 5 258 kg pouvant à la rigueur être produit par 132 hommes au moyen de cabestans convenablement armés.

Fig. 11.

La figure 10 montre la manière dont, en 1885, on a déplacé de 80 m le petit phare de Buddonness en Écosse, de 20 m de hauteur et 5ᵐ,65 de diamètre, en le faisant glisser sur 7 cours de madriers savonnés de 0ᵐ,43 de largeur.

La figure 11 se rapporte au transport, à Paris, de la statue de la *Liberté éclairant le monde*, qui se trouve à l'île des Cygnes.

On remarquera l'emploi, pour la traction de cette masse de 11 000 kg, d'un rouleau compresseur à vapeur de la ville de Paris.

Fig. 12.

La figure 12 montre la porte d'honneur de la préfecture maritime de Rochefort qui a été déplacée de 3ᵐ,08

le 10 juillet 1897. Naturellement, dans un arsenal de la
marine militaire, on ne pouvait employer un autre dispositif que celui en usage pour remonter les navires sur
cale.

M. Mazerolles, l'ingénieur des ponts et chaussées qui a
dirigé ce travail, avait eu soin d'interposer des dynamo-
mètres entre le traîneau de la porte et les câbles des deux
cabestans mus par 18 hommes chacun. Il a ainsi pu constater que l'effort de traction avait varié de 0,20 à 0,25 du
poids de la porte, lequel était de 70 000 kg.

De même, pour le transport des personnes ou des marchandises, le traîneau est resté en usage dans les pays les
plus divers.

Tout le monde a entendu parler des traîneaux des La-
pons traînés par des rennes, des traîneaux des Samoyèdes
ou des Esquimaux traînés par des chiens.

Chacun sait que dans les pays voisins du nôtre, pendant l'hiver, le traîneau est le seul véhicule employé.

Le traîneau fait naître chez nous l'idée d'un pays couvert de neige et de glace.

Fig. 13.

La figure 13 montre cependant un traîneau à bœufs,
en usage à Madère, pays qui ne connaît guère les
frimas.

Sans aller si loin, dans les Vosges, le traîneau ou *schlitte* est employé pour descendre dans le village les produits de la montagne.

Sur les côtes vaseuses de la Charente-Inférieure, les marins de Fouras emploient, pour aller à marée basse chercher les produits de la mer, un bachot à fond plat appelé *pousse-pied,* dans lequel l'homme se place sur un genou pendant qu'avec le pied de la jambe laissé en dehors, il se pousse dans la direction voulue.

De même que, malgré les révolutions du globe, certains organismes animés persistent dans des milieux où ils ont trouvé des circonstances favorables à leur existence, de même, malgré les progrès de l'outillage et de l'industrie, l'homme continue à employer les engins archaïques, lorsque les conditions du travail à effectuer les rendent plus avantageux; à plus forte raison ces engins persistent-ils dans les pays réduits à l'outillage rudimentaire qui les rend seuls possibles.

Rouleau.

Nous venons de voir que, pour déplacer un corps sur un traîneau, il fallait, même dans les conditions les plus favorables, compter sur un effort minimum du cinquième ou du quart du poids total.

Lorsque le sol n'offre pas de facilités pour obtenir une surface bien polie et glissante ou qu'on ne sait pas agencer de nombreuses pièces de charpente bien suiffées, on peut interposer entre le terrain et le traîneau un certain nombre de rouleaux.

Ce procédé était connu des anciens Assyriens, car on le trouve (fig. 14) dans un bas-relief du palais de Sennachérib (¹) à Koioundjick, qui représente le transport d'un taureau ailé, ébauché en carrière.

Ici, il n'y a pas, comme dans le colosse égyptien, d'homme versant du liquide à l'avant du traîneau, car,

---

(¹) Sennachérib vivait environ 700 ans avant Jésus-Christ.

avec les rouleaux, il faut éviter de détremper la piste. De plus, la charge reposant sur le sol par un petit nombre de points d'appui (5 ici) devait tendre à les y enfoncer; il fallait donc, au commencement de l'opération et à chaque reprise du travail, pouvoir déterminer le mouvement. Les Assyriens employaient à cet effet un énorme levier d'abatage, manœuvré par des grappes d'hommes, que nous retrouvons encore de nos jours dans le lancement des navires lorsqu'ils hésitent à descendre.

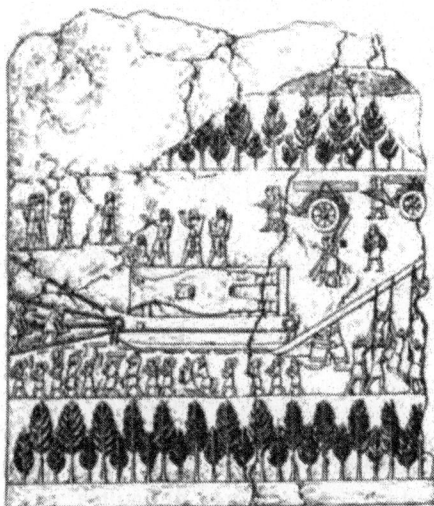

Fig. 14.

On voit que les Assyriens ont employé le levier bien des siècles avant Archimède; mais celui-ci en a donné la théorie, ce qui lui en a fait attribuer l'invention([1]).

L'emploi du rouleau s'est maintenu sur tous les chantiers du monde, tant pour les manœuvres de force que pour le bardage des matériaux.

([1]) Archimède a été tué à la prise de Syracuse par les Romains (212 avant Jésus-Christ).

La figure 15 représente le transport du clocher de Cres-
centino, en Italie (1776).

Fig. 15.

Les rouleaux présentent deux inconvénients.

Ils entraînent certaines difficultés pour maintenir la
direction voulue, car il est assez malaisé d'obtenir que sur
toute la largeur nécessaire le sol soit bien égal et que les
rouleaux soient parfaitement cylindriques.

De plus, il faut constamment les remplacer, car, par le
fait même de la progression du corps à déplacer, le rouleau placé en tête passe peu à peu en queue et sort de
dessous le traîneau.

On aurait pu notablement diminuer le premier inconvénient en évidant le rouleau en son milieu, de manière à
ne faire porter le traîneau que sur les deux extrémités cylindriques du rouleau. On aurait été ainsi conduit à la

roue calée sur l'essieu ; mais ce dispositif ne pouvait être
adopté par les peuples anciens, car ils avaient déjà trop
de peine à obtenir que le sol ne se
déformât pas trop sous le poids que
lui transmettaient les rouleaux, pour
songer à diminuer la longueur por-
tante de ceux-ci.

C'est pour cela que, même de nos
jours où ce dispositif est employé pour
les plaques tournantes des chemins
de fer, par exemple, il ne donne de
bons résultats que si le chemin de
roulement a été assez solidement établi
pour ne pas fléchir.

Quant à l'inconvénient résultant
du déplacement progressif des rouleaux, on eût pu le faire disparaître
beaucoup plus facilement en profitant
de ce que la masse à transporter re-
posait sur des pièces de charpente.

Il n'y aurait eu, en effet, qu'à en-
tailler circulairement la face inférieure des deux longrines du traîneau
de manière à les faire reposer par un
segment cylindrique sur les deux
abouts de chaque rouleau qui se serait alors déplacé avec le traîneau
dont il eût été solidaire.

Nous trouvons un dispositif de ce
genre dans les objets représentés par
les figures 4 et 5 de la pl. XII de
l'ouvrage de J.-Chr. Ginzrot sur les
chars antiques. Ginzrot les donne

Fig. 16.

comme des débris d'un chariot à 2 roues sans roue (voir
p. 29); mais il n'indique pas d'où ils proviennent (fig. 16).

Ce dispositif rappelle à s'y méprendre celui que nous

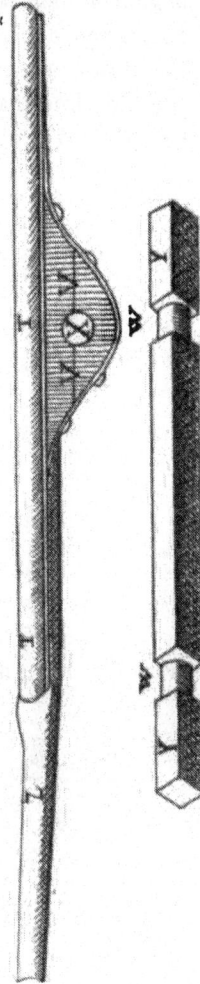

trouvons, parmi d'autres engins datant de Vitruve, dans le chariot roulant dont Perrault s'est servi pour le bardage des matériaux de la colonnade du Louvre.

La figure 17 montre ce dispositif déjà en usage dans l'artillerie allemande en 1485. Une estampe de 1472 représente une machine de guerre de Valviero de Verone, comportant le même emploi des rouleaux solidaires.

Fig. 17.

La figure 18, qui nous fait voir le transport d'une architrave de 17 m de la colonnade du Louvre, est tirée d'une

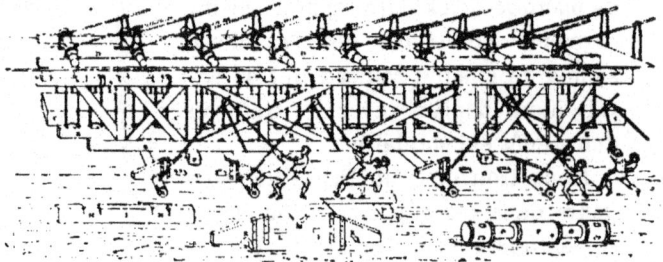

Fig. 18.

estampe du temps de Perrault ; elle est du reste reproduite dans le chapitre XVIII du livre X de son abrégé de Vitruve.

La figure 19, qui représente un affût de batterie de côte, en 1774, montre un autre emploi de ce dispositif. Dans les mêmes conditions de déplacement très limité, il est

Fig. 19.

encore en usage dans l'artillerie moderne, avec cette seule différence que le rouleau est en fonte.

Le rouleau n'a donc joué qu'un rôle des plus médiocres dans l'histoire des organes de déplacement.

Rouleau mobile autour de tourillons.

Profiter de la forme matérielle d'un corps pour le déplacer en le faisant rouler est une idée tellement simple qu'elle est venue à l'animal.

C'est ainsi que le campagnol ou rat des champs transporte à d'assez grandes distances les faînes, les glands, les noix et les marrons dont il se nourrira pendant l'hiver.

Cependant, à en croire Vitruve, ce n'est qu'au temple d'Éphèse, c'est-à-dire à peine 700 ans avant notre ère, qu'un architecte mérita de voir son nom passer à la postérité pour avoir eu une idée aussi simple.

Au chapitre XVIII de son livre X, Vitruve raconte que l'architecte Ctétiphon songea à profiter de ce que les colonnes monolithes du temple d'Éphèse étaient très sensiblement cylindriques pour en rendre aisé le transport de la carrière à pied-d'œuvre.

Voici le procédé qu'il employa :

Au centre de chaque lit de pose et normalement à sa surface, il encastra un goujon métallique prolongeant pour ainsi dire l'axe de la colonne.

Il engagea ces goujons dans des colliers logés eux-mêmes dans les longrines d'un cadre en charpente auquel il attela des bœufs [1].

La figure 20 (Khonfud des Égyptiens modernes) donne une idée assez exacte du dispositif de Ctétiphon.

Fig. 20.

Ce dispositif de Ctétiphon a donné naissance à un or-

---

[1] L'idée d'un cylindre ou d'un rouleau tournant autour de son axe pendant qu'on le traine sur le sol, n'est pas si simple que nous nous l'imaginons aujourd'hui que nous en voyons d'innombrables applications.

La preuve en est que, d'après le *Dictionnaire des Antiquités* (Cylindre, pages 1696 et 2261), les habitants de l'Asie mineure emploient encore, pour casser les mottes de leurs terres labourées, un tronc d'arbre sur lequel ils ont fixé un timon et deux traverses. Or, d'après ce mode d'attelage, ils le trainent sans qu'il puisse tourner. (*Fellow-Asia-Minor*, p. 70.)

gane de déplacement très employé sur les chantiers. Nous voulons parler des rouleaux à tourillons, mobiles dans des colliers fixés à un cadre.

Dans Vitruve, livre X, on trouve un passage qui porte à penser que le trépan, employé comme machine de siège par les Anciens, glissait sur des rouleaux de ce genre placés dans le fond de la gouttière qui lui servait de guide.

Le chariot du binard des maçons est encore muni de rouleaux de ce genre.

Les slip-docks, ou appareils qui, en Angleterre, sont employés pour remonter sur cale des navires à réparer, dont le poids peut monter à 300 tonneaux, fonctionnent au moyen de *bers* glissant sur une série de rouleaux mobiles eux-mêmes autour de tourillons.

Enfin, dans la voiture qui conduit les Parisiens au champ de repos, ainsi que sur les divers catafalques où ils stationnent dans ce dernier voyage, le cercueil glisse sur un dispositif identique.

Il est cependant un autre exemple de l'application de l'invention de Ctétiphon qu'un professeur de cours de routes ne peut passer sous silence. C'est le rouleau compresseur dont on voit (fig. 11) une application imprévue dans la traction de la statue de la *Liberté éclairant le monde,* glissant sur des madriers savonnés.

Sphère.

Profiter de la forme d'un corps pour le faire rouler est bien, mais imaginer de lui donner à cet effet une forme convenable, c'est beaucoup mieux.

Ici encore, l'homme a été devancé dans cette voie par un simple insecte. — Il est vrai qu'il l'a divinisé.

Nous voulons parler du Scarabée sacré des Anciens, de son nom scientifique *Ateuchus sacer.*

Le scarabée, non seulement a le soin de placer son œuf au centre d'une masse alimentaire appropriée, mais, de

plus, il a la précaution de placer le tout à l'abri des vicis-
situdes.

Pour. transporter cette masse précieuse, il lui donne
avec ses pattes la forme d'une boule, d'une sphère, qu'il
fait ensuite rouler (ainsi que le décrit Pline, en appliquant
à tort la manœuvre à la fourmi, qui traîne au contraire les
objets trop lourds en les saisissant avec ses mandibules et
en les tirant à elle) en l'étreignant de ses deux pattes
de derrière, pendant qu'en équilibre sur ses pattes mé-
dianes, il s'arc-boute sur ses deux pattes antérieures.

Fig. 21.

Ce n'est pas sans de nombreux mécomptes [1] sans cesse
renaissants que le scarabée, symbole des inventeurs de
génie, parvient à amener à bon port le vivre et le couvert
de sa progéniture.

En effet, encore plus que le rouleau cylindrique, la
boule sphérique n'a pas la moindre stabilité de direction.
Par suite même de sa facilité à se déplacer, la moindre
irrégularité du sol la fait changer de route, la moindre dé-
clivité suffit pour lui imprimer une vitesse qui l'arrache
à l'étreinte du nouveau sisyphe, quand celui-ci n'est pas
entraîné dans sa course sur une pente trop rapide.

Les gymnasiarques qui, à l'instar de la Victoire au Car-

_____

[1] En se reportant aux pages 7 et suivantes des *Souvenirs entomologiques*
de J.-H. Fabre, on verra que ce naturaliste croit avoir de fortes raisons
de penser que si le scarabée se donne tant de peines, c'est pour avoir le
plaisir de se gorger en paix dans une retraite tranquille.

nyx, trouvée à Pompeï, s'exercent à circuler sur une sphère, font l'expérience des soucis du scarabée.

Cet organe de locomotion n'a jamais évidemment été en usage.

La sphère a été longtemps la forme adoptée pour les projectiles comme offrant toute facilité pour son introduction par la bouche de l'arme à feu. Elle a perdu cet emploi, par suite de son manque absolu de fixité dans la direction, le jour où le chargement par la culasse a permis d'employer facilement des projectiles de forme allongée. Grâce aux rayures de l'âme de la bouche à feu, on peut alors imprimer à ce projectile oblong un mouvement de rotation autour de son axe lui assurant un plan de direction d'une remarquable fixité.

Les boulets peuvent cependant être avantageusement employés au lieu et place des couettes suiffées et des rouleaux, pour le transport de masses d'un poids énorme, lorsqu'on dispose d'un chemin de roulement approprié et très stable.

Le coefficient de traction est alors ramené à peine à un peu plus de un centième, ainsi que l'a reconnu le colonel du génie Rochas d'Aiglun qui, vers 1883, a par ce moyen déplacé d'une seule pièce un magasin à cartouches de la caserne de Romorantin. Cet édifice, du poids de 51 tonnes, a pu être transporté à l'aide de 16 hommes agissant sur des cabestans (fig. 22).

Carburi avait du reste, par le même procédé, transporté le rocher de 1 500 tonnes qui sert de piédestal à la statue de Pierre le Grand à Saint-Pétersbourg.

Pendant longtemps, la sphère du scarabée n'a été de quelque usage que pour certaines roulettes de fauteuil.

Vers 1850, des constructeurs l'ont employée pour diminuer le frottement de certains tourillons. Nous nous rappelons avoir vu au concours régional de 1861, à Metz, des

machines agricoles pourvues de roulements à billes *en
bois*.

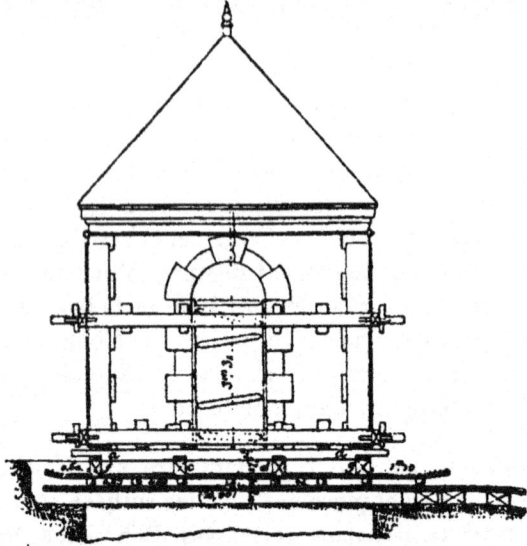

Fig. 22.

Depuis, la bicyclette a tiré de cet organe de friction
minimum un tel parti qu'on aurait peine à la comprendre
sans le roulement à billes (fig. 23).

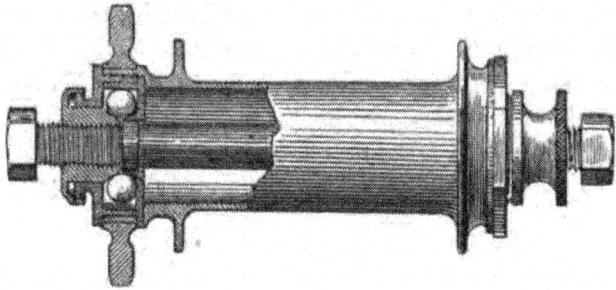

Fig. 23.

C'est, aujourd'hui, par millions que l'on fabrique les
billes en acier fondu pour cet usage.

Les voitures elles-mêmes, voire même les tramways électriques, usent de plus en plus de l'invention du scarabée sacré qui, plus heureux que bien des inventeurs humains, a du moins été divinisé de son vivant, s'il est mort sans avoir pu voir son invention tirée à des millions d'exemplaires.

Roue calée sur l'essieu.

Le premier homme qui, à l'imitation du scarabée, eut l'idée de donner à un corps une forme extérieure, permettant de le transporter par roulement, est Métagènes, fils et successeur de Ctétiphon.

Frappé des facilités que son père avait obtenues pour le transport des colonnes cylindriques, il songea à appliquer le même dispositif au transport des pierres d'architrave, bien qu'elles fussent parallélipipédiques. Il modifia la forme extérieure de ces pierres en les entourant aux deux extrémités de deux plans de pièces de bois assemblées par des prisonniers et présentant extérieurement la forme de tronçons de colonne (fig. 24).

Fig. 24.

Instruit par les difficultés que son père avait éprouvées pour rendre bien plane une largeur de chemin égale à la

longueur du fût de colonne monolithe, Métagènes eut soin
de ne rendre cylindriques que les deux abouts, ce qui ne
l'obligeait à aplanir que deux ornières.

La roue calée sur l'essieu était inventée.

D'aucuns prétendent que Métagènes, avec son cadre
imité de Ctétiphon, ne s'est pas aussi bien inspiré du bou-
sier que Paconius. Vitruve raconte que, pour transporter
la pierre du soubassement de la statue d'Apollon, cet
architecte supprima les goujons et le cadre de Ctétiphon
et fit rouler la pierre en attachant des bœufs à un câble enroulé sur le cylindre de la charpente d'enveloppe (fig. 25).

Fig. 25.

Vitruve s'étend avec plaisir sur les ennuis qu'éprouva
Paconius.

Avec ce dispositif, en effet, les difficultés de direction
rencontrées par Ctétiphon étaient accrues de celles résultant du déplacement continuel sur le cylindre du point
d'application de la force de traction.

Dans le dispositif de Métagènes, l'essieu tourne autour
de son axe comme dans toutes les roues de transmission.

Une des premières applications qu'a dû faire de l'invention de Métagènes un peuple de marins habitué aux cor-
dages comme les Grecs, fut l'emploi du treuil et de la
bigue pour la mise en place des lourds fardeaux.

Cependant, on dit qu'au temple d'Éphèse les pierres
étaient bardées à l'aide de rouleaux et non soulevées à

l'aide de la bigue à roue de carrier, représentée plus tard sur divers monuments (fig. 26).

Fig. 26 — Esclave travaillant à une construction.

La roue calée a-t-elle été employée dans l'antiquité pour le transport des personnes ou des choses ?

La figure 20, donnée plus haut, permet de le croire. Il est, du reste, impossible que les ouvriers employés par Ctétiphon n'aient pas songé à grimper, ne fût-ce que pour s'amuser, sur le cadre supporté par les tourillons de la colonne.

La figure 17, tirée de Ginzrot, porterait à penser que certains chariots antiques avaient des roues calées sur l'essieu.

Cependant, un chariot muni de pareilles roues présenterait le très grave inconvénient de ne pouvoir que très difficilement tourner dans un cercle de faible rayon.

Cet inconvénient n'existe pas pour une seule roue. Aussi la brouette est-elle munie d'une roue calée sur l'essieu ([1]).

[1] Néanmoins un dessin du *Magasin pittoresque* de 1837, p. 357, porte à croire qu'à cette époque, à Yarmouth (Angleterre), on employait pour le transport du hareng des brouettes à deux roues calées sur l'essieu (fig. 27).

C'est à notre époque seulement que la roue calée sur l'essieu, organe de transmission des plus employés en machinerie, a trouvé, comme organe de transport, une application merveilleuse dans les véhicules circulant sur rails.

La caisse du véhicule *porte* sur les extrémités *polies* de l'essieu *qui dépassent la roue,* tandis que dans le chariot

Fig. 27.

roulant de la colonnade du Louvre, la caisse ou le bâti portait sur une partie de l'essieu comprise en dedans des roues.

Cette particularité est due au faible écartement des rails et, partant, des roues, par rapport à la largeur plus grande à donner à la caisse.

En 1851, le phare de Sutherland, pesant 338 tonnes, a été déplacé de 28 pieds anglais en cinq heures par 40 hommes agissant sur des treuils. Au préalable, on l'avait placé sur des pièces de bois reposant sur 44 roues (à gorge), en fonte et massives, roulant sur des rails méplats.

Fig. 28.

La roue calée sur l'essieu, qui était pleine du temps de Métagènes, a été et est encore à rais; mais il y a une tendance, pour les véhicules à grande vitesse, à revenir à la roue pleine afin d'atténuer l'action retardatrice de l'air.

Si nous ne devions pas nous borner à la roue, organe de transport horizontal, nous parlerions des anciennes roues de carrier, qui donnaient un certain cachet à la banlieue ouest de Paris, et de la *grande roue du Champ-de-Mars*, qui sont des organes de transport vertical.

A quel caractère reconnaîtrons-nous qu'une roue figurée

sur les bas-reliefs ou les peintures légués par l'antiquité
est calée ou folle sur l'essieu ?

La figure 28, qui représente la roue de la chèvre, donnée
par Perrault dans son abrégé de Vitruve comme corres-
pondant à la description de cet auteur, ainsi que la figure 29,
tirée de l'*Encyclopédie* de d'Alembert, nous montrent la
roue en bois calée sur l'essieu, constituée par deux cours
normaux de pièces de bois jumelées embrassant les faces
rectangulaires de l'essieu.

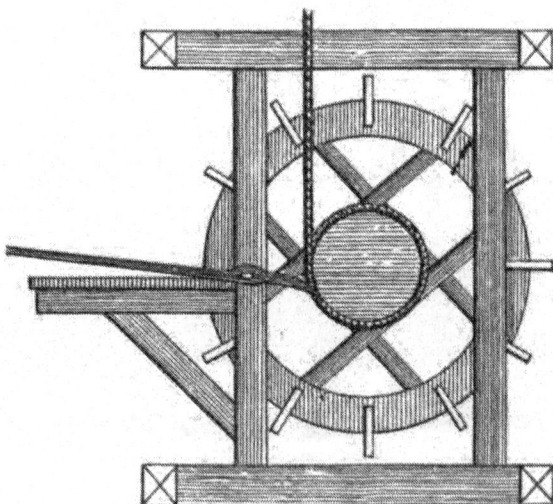

Fig. 29.

Lorsque nous apercevrons ce dispositif, nous pourrons
penser qu'il s'agit d'une roue qui n'est pas folle sur l'essieu.

Nous le retrouvons dans un char religieux, planche 90,
figure 2 321 de Baumeister Den-Meller.

Cependant, comme le montre la figure 26, sur les monuments anciens nous voyons la roue de la chèvre représentée avec des rayons convergeant vers l'essieu.

Ce sera donc à la forme de l'extrémité de l'essieu que
nous devrons nous attacher. Avec la roue calée sur l'essieu,

l'extrémité de celui-ci n'a pas besoin d'être ronde ; on peut
même dire qu'elle doit être carrée ou rectangulaire.

A cet égard nous serions porté à considérer comme
roues calées sur l'essieu celles des chars romains données
par Ginzrot (fig. 1, pl. VI ; fig. 6, pl. VII ; fig. 5, pl. VIII ;
fig. 1, pl. XIII).

Dans les deux premières et la dernière, non seulement
l'extrémité de l'essieu ne se présente pas sous la forme
arrondie qui est indispensable avec la roue folle sur l'essieu, mais en outre il n'y a pas de clavette pour empêcher
la roue d'abandonner l'essieu. Ceci implique bien qu'elle
est calée sur ce dernier.

Au contraire, dans la troisième, si l'extrémité du moyeu
a une forme rectangulaire incompatible avec la roue folle,
il y a cependant une clavette. Il est vrai qu'elle présente
comme une double queue d'hironde pouvant servir à
mieux encastrer la roue sur l'essieu.

Pour qu'une paire de roues calées sur l'essieu permette
à un chariot de se déplacer, il faut que l'essieu puisse
tourner dans un trou pratiqué dans les longrines ou lisses
du chariot.

Ginzrot nous a fourni à ce sujet (*voir* fig. 16) les figures 4
et 5 de la planche XII qu'il décrit ainsi (p. 232) :

Parties d'un *Plaustrum* à deux roues sans les roues. *T* est
le châssis du plancher comme dans le Plaustrum à quatre
roues. *VV* sont des coussinets dont chacun se compose de
deux morceaux placés l'un sur l'autre. Par ce moyen, on
peut placer l'essieu, qui est entaillé comme le montre *W*
entre les pièces de bois dans le trou de la boîte *X*. Ces
Arbuscula sont, sur le côté, réunis au-dessous du châssis
par une bande de fer fixée au moyen de chevilles, de clous
ou de courroies. *YY* sont les extrémités de l'essieu qui sont
affermies dans les roues, disques ou tympanons ; *Z* est le
timon solidement fixé.

Si ces parties d'un Plaustrum ont été réellement trouvées dans des fouilles d'habitations anciennes, il est certain que les anciens ont adopté pour leurs chariots les roues calées sur l'essieu tournant dans une boîte dépendant du châssis.

S'il n'en est pas ainsi, si ce dessin est simplement l'expression de la manière de comprendre de Ginzrot, il prouve simplement que cet auteur croit à l'adoption de ce système de roues, malgré l'inconvénient capital de ne pas permettre aux véhicules de changer facilement de direction.

HISTOIRE DE LA ROUE

ROUE FOLLE SUR L'ESSIEU

ROUE PLEINE

Quelque origine qu'on lui attribue, il est naturel de penser que la première roue folle sur l'essieu a été une rondelle débitée dans un tronc d'arbre. Dès lors, elle n'a pu être fabriquée que par des peuplades habitant près de forêts où existaient des arbres d'essence dure, d'un diamètre respectable. L'Égypte, où, en dehors du palmier, base de la végétation, le peuplier et le sycomore, bois assez tendres, poussent seuls dans le Delta, n'a pu voir naître la roue.

L'histoire de ce pays nous apprend, en effet, qu'au moment de l'invasion du Delta par les Hycksos (2300 ans avant notre ère), l'Égypte ignorait la roue.

De leur côté, les annales chinoises attribuent à l'Empereur Houang-ty, qui aurait régné de 2697 à 2597 avant Jésus-Christ, l'invention du char à roues pleines, traîné par des hommes. Il l'aurait imaginé un jour qu'il aperçut des anémones, détachées de leur tige et, jouet des vents, rouler sur leur corolle étalée.

Fig. 30.

Fig. 31.

Les figures 30 et 31 donnent, d'après de vieux ouvrages chinois, les chars à roues pleines de l'époque primitive.

L'antiquité que les annales chinoises attribuent à la roue, si reculée qu'elle nous paraisse, l'est cependant encore moins que celle qui résulterait de la stèle chaldéenne dite des Vautours, trouvée à Tello par M. de Sarzec et que l'on fait remonter au xxxᵉ siècle avant notre ère.

Sur cette stèle, on voit un roi monté sur un char à la tête de son armée. Malheureusement, la stèle est brisée à l'endroit où devait se trouver la roue.

D'un autre côté, les archéologues pensent que la peuplade souche des races indo-européennes connaissait le char et la roue pleine. En effet, chacun des mots désignant le char, le timon, l'essieu et la roue, employés dans toutes les langues sœurs du groupe indo-européen, a une racine commune, qui est sans doute le terme employé par la peuplade mère avant l'essaimage des tribus qui ont donné naissance aux différentes nations.

Toutefois, les premiers dessins où figure la roue pleine se trouvent en Égypte, sur les monuments où les rois conquérants de la XVIIIᵉ dynastie[1] ont fait reproduire, avec leurs hauts faits, les traits et les armes des peuples vaincus.

La figure 32 [2] représente les chars dans lesquels les Tckaris, peuplade dont les traits rappellent, mais en mieux,

Fig. 32.

ceux des tribus asiatiques, transportaient à l'arrière de l'armée les femmes, les vieillards et les enfants.

Dans Maspero (2ᵉ vol., p. 462), on trouve une figure re-

---

[1] On trouve cependant un char à roues à quatre rais sur un monument de la XVIIᵉ dynastie.

[2] *Champollion*, t. III, pl. CCXX.

présentant les chars à roues pleines (fig. 33) dans lesquels voyageaient les familles des Poulasati, émigrants

Fig. 33.

qui vinrent au contact de l'Égypte sous Ramsès III, avant leur fixation sur le sol qu'ils ont ensuite occupé.

Dans Rozellini, *Monumenti Historici*, se trouvent plusieurs véhicules à roues pleines :

Pl. LIII. Un char attelé de deux chevaux d'un peuple

Fig. 31.

mis en déroute par Menphtah I (¹), tiré des monuments de Karnac.

(¹) *Champollion*, t. III, pl. CCXCV.

Pl. XCI. Un char portant deux combattants et qui est aussi à roues pleines. Monuments d'Isamboul.

Pl. XCVIII. Nombreux chariots à roues pleines traînés par des chevaux ou des bœufs (¹).

Enfin, dans les *Monumenti civili,* du même auteur, pl. CXXVII, on voit un traîneau, portant la barque funéraire d'une momie, posé sur deux rouleaux ou deux roues pleines.

A l'intérieur d'une sépulture de Chypre, on a trouvé un petit char en terre cuite à roues pleines (fig. 34).

Dans l'antiquité grecque et latine, les roues pleines (*Tympanum*) étaient réservées pour les voitures de transport en commun, ou les chariots de marchandises.

La figure 35, extraite de la planche VII de Ginzrot, montre les roues pleines d'un char à vin figuré sur une

Fig. 35.

lampe romaine, tiré des dessins de Saint-Bartholi, d'après l'original.

Sur la colonne de Trajan, on trouve des roues pleines, mais elles appartiennent à des tricycles d'un usage indéterminé qui sont probablement des machines de guerre romaines.

Sur la colonne Antonine dite de Marc-Aurèle, il y a plusieurs chariots à roues pleines, soit sarmates, soit ro-

---

(¹) *Champollion,* t. I, pl. XVII *bis* et pl. XXXI.

mains : notamment, pl. 101 (chariot à 2 roues) et pl. 120 A
et 126 (chariot à 4 roues) de l'ouvrage allemand de la bibliothèque de l'Institut.

Aucun de ces nombreux dessins ne nous donne de renseignement précis sur le mode de construction des roues
pleines.

Les roues pleines peuvent, en effet, être des rondelles
débitées dans un tronc d'arbre, soit assez épaisses pour
résister à toutes les chances d'avaries, mais alors les roues
sont très lourdes, soit assez minces pour être suffisamment
légères, mais alors elles sont exposées à gondoler et il
faut en accoler au moins deux, réunies par des chevilles.

On peut remplacer les deux disques accolés par deux
plans de bois composés chacun, soit de trois ou cinq madriers jointifs, soit d'un certain nombre de secteurs.

Dans le premier cas, les madriers jointifs seront réunis
entre eux par une ou deux barres, en bois ou en métal,
normales aux joints des madriers. Dans le second, les secteurs seront consolidés par des bandes de bois ou de métal,
épousant près de la circonférence et près du centre la forme
circulaire.

Roues pleines en rondelles. — Les roues pleines en rondelles sont encore en usage parmi certaines populations
dont les moyens de fabrication sont restés presque aussi
rudimentaires que ceux de nos premiers pères.

C'est ainsi qu'en 1862, le comte A. de Moustier a trouvé,
chez les habitants de la Phrygie, des chars aussi primitifs
que pouvaient l'être ceux de leurs ancêtres préhistoriques.

« Les chars actuels sont composés d'un simple tronc
« d'arbre creusé, porté sur deux roues massives, sorte de
« plateaux cylindriques, disques détachés de quelque gros
« chêne qui a été scié près de sa base. » (*Le Tour du Monde,*
1864, I, p. 256.)

Si l'on réfléchit au labeur qu'imposait à l'homme pourvu

de la scie rudimentaire de l'âge de pierre, voire même
de celle de l'âge de bronze, le débitage d'une rondelle,
on comprendra que la roue pleine simple ne devait, à cette
époque, avoir qu'un diamètre restreint.

Dès lors, si nous pouvons considérer les roues de la
planche CXXVIII (Rozellini, *Mon. civili*) comme de simples
rondelles, nous ne saurions admettre qu'il en est ainsi
pour les roues des figures 32 et 33 aussi hautes que les
bœufs traînant les chariots. Pour nous, ces roues étaient
en réalité constituées par des plans de madriers jointifs, de
même que les roues primitives chinoises (fig. 30 et 31).

Les roues pleines composées de plusieurs plans de bois
ont été employées chez les Romains, au dire de Vitruve,
pour leurs machines d'attaque des places assiégées.

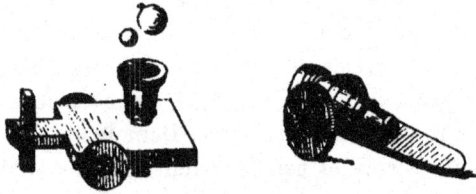

Fig. 36.

La figure 36 montre les roues pleines en usage pour
les bombardes et les ribaudequins de l'artillerie française
aux XIV° et XV° siècles.

La roue-rondelle a été longtemps employée pour les
roues de faible diamètre, non seulement dans les siècles
derniers, mais même au XIX° siècle, soit pour les affûts des
canons de la marine, soit même pour les camions sur les
ports, comme le prouve une vue du port de Bordeaux en
1844 (*Magasin pittoresque*, 1844, p. 180), où l'on voit un
camion, chargé de futailles et traîné par des bœufs, muni
de roues pleines (fig. 37).

Les roues actuelles, qui représentent dans notre civilisation les roues des nations dépourvues d'outillage, sont la

roulette de fauteuil et la roulette des jouets d'enfants.
Toutes deux, en effet, sont formées d'un disque en bois
percé, au centre, d'un trou dans lequel passe l'essieu.

Fig. 37.

On conserve dans un musée de Londres, comme ayant
été trouvé dans une sépulture d'enfant, à Arsinoé (Égypte),
parmi les jouets enterrés avec leur jeune propriétaire, un
pigeon avec des roulettes en bois qui rappellent tout à fait
celles de nos chevaux de bois à bon marché.

La roue pleine est encore en usage chez certains peuples :
c'est ainsi que le *Tour du Monde* de 1887 [I, page 203],
nous montre le *caretone* de Luçon, avec roues pleines,
traîné par des buffles.

Le chariot araucanien attelé de bœufs (fig. 38) possède
également une roue pleine. Cette roue, que son diamètre
ne nous permet pas de considérer comme une roue-rondelle débitée dans un tronc d'arbre, est remarquable par

la pièce centrale qui enveloppe l'essieu en faisant une
saillie assez notable sur le plan de la roue.

Fig. 38.

C'est un véritable moyeu qui a pour but de répartir la
charge sur une longueur de l'essieu assez grande pour que
l'usure rapide n'en amène pas la rupture intempestive,
comme cela ne manquerait pas d'arriver si l'essieu ne
portait que sur l'épaisseur de la roue pleine.

Nous avons dit que les roues-rondelles, débitées dans
un tronc d'arbre, présentent l'inconvénient d'être très
lourdes pour peu qu'elles soient épaisses.

Si, dans le but de diminuer leur poids, on les fait plus
étroites, elles risquent alors de gondoler, d'autant plus
qu'elles ont été généralement débitées dans du bois vert.

Pour remédier à cette tendance, il suffit d'appliquer
l'une contre l'autre deux rondelles minces à fil croisé,
chevillées l'une à l'autre.

L'expérience a dû vite apprendre aux premiers constructeurs qu'ils pouvaient aux deux rondelles si pénible-
ment débitées dans un gros tronc d'arbre substituer deux
plans d'ais jointifs (trois ou cinq) débités à la hache dans
des branches.

D'un autre côté, la rondelle, si épaisse qu'on la suppose,
est exposée à se fendre de la circonférence au centre. Sous
l'action du roulement et de l'introduction de cailloux dans

ces premières fissures, la rondelle s'est sans doute partagée en plusieurs secteurs à peu près distincts.

Le remède a été encore des plus simples : En travers de chaque fente, il a suffi de poser des morceaux de bois chevillés sur les deux secteurs.

Les constructeurs de pareilles roues ont dû, de même, reconnaître bien vite qu'ils avaient intérêt à constituer leurs roues avec un certain nombre de secteurs reliés à la circonférence extérieure et près du trou de l'essieu par une série de morceaux de bois taillés circulairement.

De là, deux modes de construction de la roue pleine, modes bien distincts dont nous trouvons l'emploi dans l'antiquité et même de nos jours.

Roues pleines à madriers jointifs. — Dans la colonne de Marc-Aurèle, on voit un chariot à quatre roues dont les roues arrière sont manifestement composées de trois madriers jointifs.

La figure 39, tirée de la planche IX de J.-Chr. Ginz-

Fig. 39.

rot(¹), représente un chariot romain à quatre roues pleines formées de trois madriers. Le madrier diamétral est percé

(¹) Tome I.

d'un trou assez gros pour le passage de l'essieu qui est pourvu d'une clavette.

Deux bandes de fer parallèles, clouées sur les trois madriers, les relient entre eux, à peu près au milieu du rayon.

Cette disposition nous porte à penser qu'il n'y avait qu'un plan de bois.

Au contraire, dans la figure 40, tirée de la planche VII du même ouvrage, nous voyons sur les roues deux bandes

Fig. 40.

blanches diamétrales à angle droit. Bien qu'aucun joint ne soit figuré sur le dessin, ces deux groupes de bandes

Fig. 41.

nous font supposer qu'il y avait deux plans de madriers croisés.

Nous trouvons une disposition analogue sur les roues d'une baliste du moyen âge, figurée dans l'album historique de M. Lavisse ; mais ici les cinq ais jointifs formant chaque plan de bois sont nettement représentés et les bandes transversales touchent le moyeu.

Il en est de même pour la figure 41, tirée de la planche VII de Ginzrot.

Cette disposition de deux bandes ou étriers diamétraux

Fig. 42.

sur une roue pleine est à rapprocher des roues de la figure 42 (jouet d'enfant en terre cuite trouvé à Pompeï,

Fig. 43.

conservé au Musée britannique), et de celle de la figure 43 représentant un bas-relief du Louvre.

Quoique beaucoup plus récentes, puisqu'elles ne remontent guère à plus de 1200 ans après notre ère, les roues du char en pierre sur lequel l'idole de Djaggernaut ([1]) est conservée dans son temple, peuvent nous renseigner davantage, car nous savons que les Indous se sont, dans leurs constructions en pierre, attachés d'abord à reproduire non

Fig. 44.

seulement les formes extérieures, mais aussi les assemblages mêmes de leurs premières constructions en bois.

Dans le *Tour du Monde* (1869, I) on voit, page 9, les roues de ce char en pierre et, page 12, les roues du char en bois sur lequel l'idole est promenée lors de la procession an-

---

([1]) Cette roue est à rapprocher de celle du char en terre cuite de Chypre (fig. 34).

nuelle. Ces roues semblent composées de plusieurs plans de madriers chevillés ensemble près de la circonférence.

Les roues pleines formées de deux plans de bois reliés par des chevilles existent encore dans la province de Léon

Fig. 45.

(Espagne), à en juger par une illustration de Gustave Doré, représentant le char d'un marchand de châtaignes du Léon, donnée par le *Tour du Monde*.

On voit très distinctement dans cette roue la couronne que forment les têtes des chevilles reliant les divers plans de bois.

Pendant l'insurrection crétoise, nos officiers ont pu constater que les habitants usaient encore de roues pleines formées de trois ais dont le diamétral était simplement percé d'un trou pour le passage de l'essieu. (*Tour du Monde* de 1898, p. 54.)

Sur les figures 44 et 45, photographies prises dans le marché turc de Lagina (Asie mineure) par M. Ardaillon, professeur à la Faculté des lettres de Lille, on voit nettement et le moyeu déjà noté dans la roue du chariot araucanien (fig. 38), et le peu d'épaisseur du plan de madriers jointifs. Il est vrai qu'ici la roue est consolidée par un bandage continu en fer.

La figure 46 montre une roue pleine de l'artillerie moderne formée également de trois ais dont le diamétral est

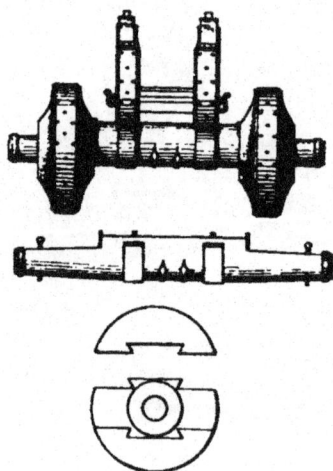

Fig. 46.

percé d'un trou, mais ici l'assemblage de cet ais avec les deux autres dénote un outillage perfectionné et une grande habileté de main-d'œuvre.

Au contraire, dans les roues pleines à madriers jointifs d'un affût afghan (fig. 47) donné par le *Magasin pitto-*

resque (1843, p. 84), on peut voir sur la roue arrière les moyens grossiers de réparation employés par un peuple à outillage rudimentaire.

Fig. 47.

Roues pleines à secteurs. — Bien que les roues antiques représentées par la figure 1 de la planche VI de Ginzrot

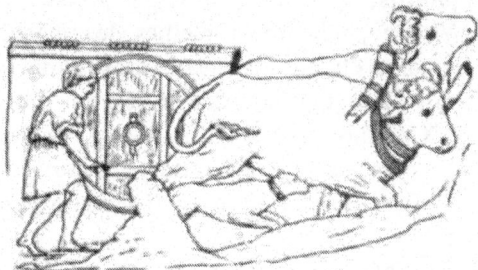

Fig. 48.

(fig. 48), la figure 2 de la planche VII (fig. 49) et la figure 6 de la planche VIII ne portent pas trace de divisions rayonnantes, la présence d'une couronne saillante le long de la circonférence extérieure et contre le moyeu nous porte à

supposer qu'elles étaient formées, soit d'une simple rondelle de bois protégée par cette couronne contre les fissures rayonnantes, soit mieux de plusieurs secteurs.

Fig. 49.

Dans la figure 48, on peut noter le cadre formé par
quatre bandes qui réunissent les secteurs entre eux.

Nous retrouvons les quatre bandes plus symétriquement
disposées dans la figure 40. Aussi, quoiqu'il n'y ait pas
de rebord circulaire, pensons-nous que cette roue pouvait être composée de secteurs aussi bien que de deux
cours d'ais jointifs.

D'après Vitruve, les roues pleines des machines de
siège des Romains étaient formées de trois plans de bois;
selon Perrault (Résumé des dix livres de Vitruve) et
Ginzrot (pl. XV, fig. 1), qui l'a peut-être copié, ces divers plans de bois auraient été formés chacun de quatre
secteurs chevillés ensemble, mais disposés autour d'un
moyeu carré.

Nous ne saurions admettre la disposition donnée aux
quatre secteurs par les dessins de ces deux auteurs. Nous
croyons que ces quatre secteurs étaient convergents vers
l'essieu, comme nous le retrouvons dans les roues du chariot qui, en 1774, a servi au transport de la statue équestre
de Louis XIV, pesant 30 000 kg (fig. 50 et 51).

La même construction a été adoptée pour les roues

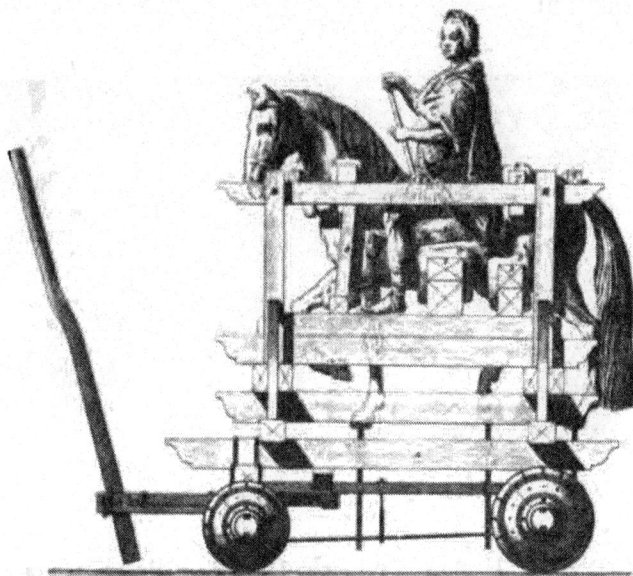

Fig. 50.

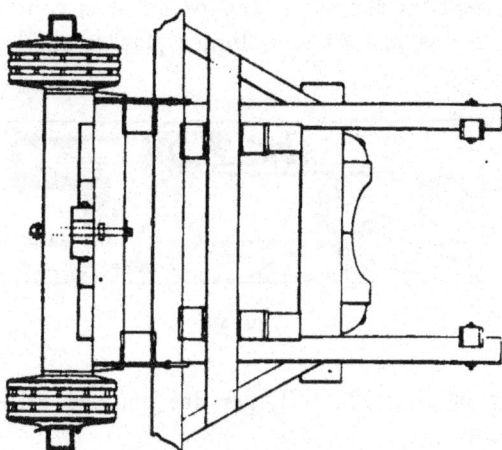

Fig. 51.

du chariot qui, en 1854, a transporté des taureaux

ailés, pesant 32 tonnes, destinés au musée du Louvre
(fig. 52).

Fig. 52. — Chariot destiné au transport d'un taureau ailé.

D'après la figure 53, en 1556 l'artillerie allemande
employait des roues pleines formées de huit secteurs.

Ces secteurs étaient assemblés entre eux, non seulement par des bandes métalliques placées sur les joints,

Fig. 53.

mais aussi, semble-t-il, par des boulons reliés à un
moyeu.

Nous aurions donc affaire en réalité ici à une roue à
rais jointifs.

Il en est de même de la roue en usage en 1774 pour

les affûts des batteries de côte de l'artillerie française (fig. 54).

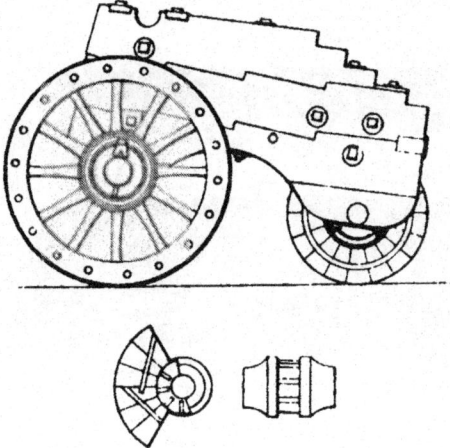

Fig. 54.

ROUE ÉVIDÉE

Nous avons vu que la roue rondelle d'arbre avait dû être assez vite remplacée par la roue pleine formée de plusieurs plans de madriers jointifs à joints se croisant normalement.

L'ensemble étant fort lourd, on a dû chercher à l'alléger en évidant les madriers de chaque plan.

On ne trouve pas d'exemple de roues évidées de cette nature sur les monuments anciens, mais la figure 55 montre qu'il en existe encore de nos jours en Asturie, d'après les dessins publiés par divers voyageurs.

Cette roue semble se composer de deux couches de cinq madriers séparées par une couronne intermédiaire.

Le madrier diamétral, qui porte le trou par où passe l'essieu, n'est pas évidé sur ses deux bords, mais les madriers intermédiaires le sont notablement, enfin les madriers formant la jante le sont encore davantage. Ils sont

tous chevillés à leurs extrémités sur la couche intermédiaire qui est presque réduite à la jante.

Fig. 55.

Dans la tourbière de Mercurago, parmi d'autres usten-
siles ou outils d'origine gauloise auxquels on attribue la
date de 1500 avant notre ère, on a trouvé une roue évidée
de 75 cm de diamètre formée par un seul plan de trois
madriers.

Le madrier diamétral n'est pas évidé, mais ses deux
extrémités sont entaillées légèrement en queue d'hironde
pour recevoir les abouts du madrier évidé qui forme la
plus grande partie du contour, comme on peut le voir sur
la figure 56, qui est la photographie d'un moulage existant
au musée de Saint-Germain.

Le principe de ce dispositif se retrouve dans les monuments anciens : Ainsi la figure 57, tirée de Ginzrot (pl.
XIII), nous montre un chariot, employé par les nomades
200 ans avant notre ère, lequel comporte deux roues légè-

rement évidées. D'après Ginzrot, ces roues étaient encore
en usage, en 1817, dans les chariots portugais.

D'ailleurs cette roue, qui ne diffère de celle actuelle-

Fig. 56.

ment employée en Asturie que par la suppression de deux
madriers, se retrouvait, en 1837, dans les chars primitifs
qui venaient des campagnes du Brésil à Rio-de-Janeiro
ainsi que le montre la figure 58.

En 1874, elle existait encore à Chihuahua, seulement
le madrier de circonférence était plus anguleux à l'intérieur; il rappelait agrandi l'évidement de la roue de la
figure 57.

La forte épaisseur de cette roue nous porte à la considérer comme composée de plusieurs plans de madriers. Il

Fig. 57.

en était évidemment de même de la roue figurée sur la figure 59([1]), qui représente un guerrier coiffé de cornes,

Fig. 58.

portant sur la tête un petit traîneau et derrière le dos un petit char dont les roues méritent d'attirer l'attention.

([1]) Cette figure se rapporte à une statuette trouvée en Sardaigne d'après Winkelmann. (Ginzrot, p. 240, t. I.)

Elles semblent se composer de trois plans de couronnes circulaires dont la médiane fait saillie à l'intérieur, de

Fig. 59.

manière à recevoir les abouts du madrier diamétral. La manière dont le timon paraît assemblé avec l'essieu ne permet pas de supposer que celui-ci ait pu être mobile. Cependant, l'extrémité de l'essieu qui dépasse le madrier diamétral est carrée et sans cheville, ce qui impliquerait des roues calées sur l'essieu.

Ceci nous prouverait, soit dit en passant, qu'il ne faut pas attacher trop d'importance à des particularités de dessins exécutés plus ou moins exactement.

La figure 60 est la photographie du moulage, existant au musée de Saint-Germain, d'une autre roue en bois de 82 cm de diamètre trouvée dans la tourbière de Mercurago. Ici, le madrier diamétral est encore plus évidé, ainsi que les madriers de la circonférence. On doit noter la coupe illogique donnée à l'extrémité du madrier qui reçoit la butée des ais formant jantes. Pour empêcher ces madriers de se déformer quand, posés sur le sol, ils supportaient toute la charge, le constructeur a eu recours à des béquilles ou contre-fiches assemblées par tenons et

morlaises avec les madriers-jantes et avec le madrier diamétral, un peu en dehors de son renflement central.

La perfection des assemblages nous donne bien des raisons de douter que cette roue soit contemporaine de la
précédente.

Fig. 60.

On concevrait plutôt ce dispositif comme constitué chez
un peuple primitif par deux branches flexibles butées
contre la jante et s'appuyant sur une saillie latérale du
madrier diamétral avec lequel elles seraient ligaturées.

Quoi qu'il en soit, il y a lieu, dans cette roue, de re-

marquer surtout le tube formé de deux morceaux de bois
demi-cylindriques, qui constitue la fourrure interposée
entre l'essieu et les parois du trou du madrier diamétral.

Fig. 61.

Fig. 62.

Fig. 63.

La grandeur du trou du madrier diamétral de la première roue de Mercurago implique pour nous l'existence

d'un même tube qui a dû être ce que la peuplade souche
des races indo-européennes appelait le moyeu.

Quoi qu'il en soit, ces débris, qui dateraient de 1500
avant notre ère, rappellent complètement l'aspect des
roues à barres transversales de certains véhicules grecs et
étrusques (fig. 61, 62 et 63).

Voilà tout ce que nous avons à dire pour la roue évidée
dérivant de la roue pleine formée d'un ou plusieurs plans
de madriers jointifs.

Si nous considérons la roue pleine formée de secteurs
contigus reliés à la cir-
conférence et au bord du
trou central par des pièces
de bois épousant la forme
circulaire, il est facile
d'imaginer que, pour élé-
gir cette roue, on a pra-
tiqué à chaque joint un
évidement analogue à ce-
lui pratiqué aux joints
des madriers jointifs. On
est alors conduit à une
roue composée d'une cou-

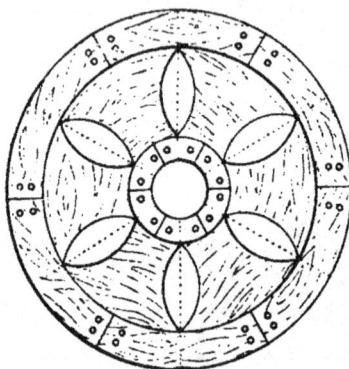

Fig. 64.

ronne formée d'un certain nombre de rayons élargis à
leurs extrémités, de manière à se toucher à la circonférence et au centre (fig. 64).

Les roues à quatre rais des vases du Dipylon, que nous
citerons plus loin, rappellent l'aspect de ces roues à secteurs évidés. On doit considérer les roues des figures 2 et
9 de la planche XIV de Ginzrot et de la figure 3 de la
planche XVII A, non comme des roues à secteurs évidés,
mais comme des roues-rondelles percées de trous.

Chez les peuples modernes, nous trouvons la roue des
chariots persans actuels (fig. 65) qui dérive évidemment
de la roue à secteurs évidés, car les joints des tronçons de

jante correspondent aux milieux des rais, sur lesquels ils sont chevillés.

Fig. 65.

Si, au lieu d'une roue pleine formée d'un seul plan de secteurs reliés près de la circonférence et du centre par des morceaux de bois jumelés, nous considérions une roue formée de deux plans de secteurs appliqués au centre

Fig. 66.

et à la circonférence de couronnes circulaires comme dans la roue asturienne (fig. 58), nous pourrions en faire dériver, par élégissement des deux plans des secteurs, les roues des figures 66 et 67.

La première est celle d'un char grec figuré sur une vieille urne grecque (Ginzrot, pl. XXII E, fig. 2).

Fig. 67.

La seconde est la roue d'une charrue anglo-saxonne du viii° siècle (Ginzrot, pl. III, fig. 1).

ROUE A RAIS

Documents égyptiens.

Bien que le char et la roue soient en Égypte d'importation étrangère, ce sont cependant les monuments et les sépultures de ce pays qui nous fournissent les plus anciennes représentations de la roue à rais et les renseignements les plus certains sur son mode de construction.

Sur les monuments antérieurs à la XVIe dynastie, on n'aperçoit que des bœufs comme bêtes de trait et des ânes comme bêtes de somme. Les Égyptiens n'ont connu, ni le cheval, ni le char de guerre, avant l'invasion du delta du Nil par les Hycksos (2300 ans avant notre ère), peuplades qui durent, paraît-il, leur succès foudroyant à la terreur inspirée à leurs adversaires par la vue de leurs chars de guerre.

Nous n'avons aucun renseignement précis ni sur la véritable nationalité des Hycksos, ni sur le mode de construction des roues de leurs chars.

Cependant la légende de Joseph et de ses frères porte à penser que si les Hycksos n'étaient pas tous de race sémitique, ils devaient avoir entraîné avec eux à la conquête ou à l'occupation du delta du Nil un grand nombre de peuples de cette origine. Si Joseph, en effet, avait été à peu près seul à la cour de Pharaon à présenter le type sémitique, si caractéristique, ses frères n'auraient pas manqué d'en être frappés. Ils l'auraient reconnu dès la première entrevue.

De même, l'existence, dans l'armée égyptienne ou du moins sur les monuments de la XVIIe dynastie[1], de chars avec des roues à 4 rais semblables à celles des Rot-n-u ou Loutanou, peuple asiatique vaincu par les Pharaons de la XVIIIe dynastie, nous porte à croire que les chars des Hycksos étaient pourvus de roues analogues. Cependant l'existence, chez les peuples libyens vaincus par Menphtah I, de roues pleines, citées page 33, pourraient faire croire que les Hycksos employaient des roues semblables. Les Libyens n'avaient pu, en effet, recevoir les chars que des Hycksos, après la conquête de toute l'Égypte. Ils les auraient conservés tels qu'ils les avaient empruntés, sans avoir su les perfectionner, comme le firent les Égyptiens de la XVIIIe dynastie.

Le peuple conquis sut bien vite s'assimiler les envahisseurs et les chefs de la région Thébaine, avant de reconquérir l'indépendance, durent apprendre à se servir de l'instrument de guerre qui avait si puissamment aidé à les vaincre. Mais, au début, ils achetèrent leurs chevaux et leurs chars aux étrangers.

Dès la XVIIIe dynastie, dite Thébaine, on trouve un ex-voto en or du Pharaon Kamosou (1650 avant notre ère), découvert dans le cercueil de la reine Ahhoptou, qui consiste en une barque en or placée sur un châssis en bois

---

[1] Dynastie ayant étendu sur toute l'Égypte la domination des Pasteurs ou Hycksos.

supporté par un chariot à 4 roues, dont les roues à 4 rais
et les essieux sont en bronze (fig. 68).

Fig. 68.

Les premières roues égyptiennes semblent avoir été à

Fig. 69.

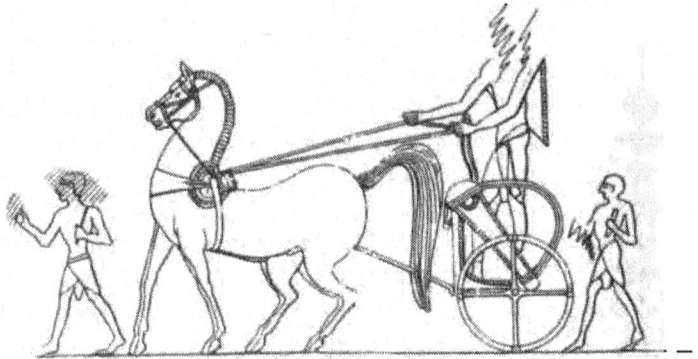

Fig. 70.

4 rais comme le prouvent la figure 69, qui représente un

atelier de charrons, et la figure 70, tirée des monuments
de Thèbes, où l'on voit un Égyptien rentrant chez lui.
D'ailleurs sur d'autres monuments égyptiens on trouve,

Fig. 71.

dans les défilés des peuples vaincus par les divers Pharaons de la XVIIIᵉ dynastie, un char traîné par un Rot-n-ù
ou Loutanou [fig. 71 (¹)].

Ces deux figures se rapportent bien à des roues possé-
dant un moyeu, une jante et des rais ; mais ces derniers,
s'ils semblent fixés au moyeu par un assemblage analogue
à celui en usage aujourd'hui, paraissent au contraire reliés
à la jante par des gaines en cuir, ou réunis par un assemblage que consolide une enveloppe extérieure.

Dans la figure 72 (¹), représentant un char qui, trouvé
dans une sépulture égyptienne, est actuellement conservé
au musée de Florence, le moyeu est enveloppé d'une gaine
commune à tous les rais et qui semble être en écorce de
bouleau (²). Le moyeu, bien distinct, est d'un diamètre
extérieur tellement faible, qu'on comprend très bien l'uti-

_____

(¹) Tirée de Rozellini, *Monumenti historici.*
(²) La présence de l'écorce d'un arbre du Nord a fait attribuer à ce
char une origine scythe (d'après Rozellini).

lité de cette enveloppe pour consolider l'assemblage des rais et du moyeu.

Fig. 72.

L'extrême légèreté de construction de ce char le fait

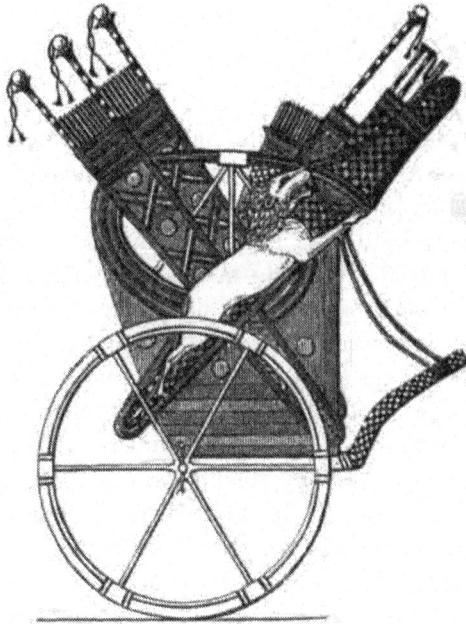

Fig. 73.

considérer non comme un char ayant réellement servi,

mais plutôt comme un char d'apparat porté dans les funérailles (¹) à la suite de la momie et déposé ensuite à côté
d'elle.

Cependant les chars de guerre semblent avoir été pourvus de roues à 6 rais, au moins du temps des conquêtes de
Ramsès II.

La figure 73 montre que, même à cette époque, l'assemblage des rais et de la jante paraît avoir été consolidé
par des gaines enveloppant extérieurement cette dernière.

Fig. 74.

Le dessin représentant des fuyards recueillis par la gar-
nison de Qodshou montre que les roues avaient quelquefois 8 rais. Dans ce cas, le moyeu était relativement volumineux.

Bien que les roues à 6 rais dussent, avec leurs jantes

(¹) Comme on on voit sur la figure 8 dans le cortège d'Harmhabi.

peu épaisses, éprouver des déformations rendant leur roulement très cahoteux, les Égyptiens semblent avoir eu
l'habitude de combattre en restant sur leurs chars. C'est
ce que tendent à prouver les figures 74 et 75.

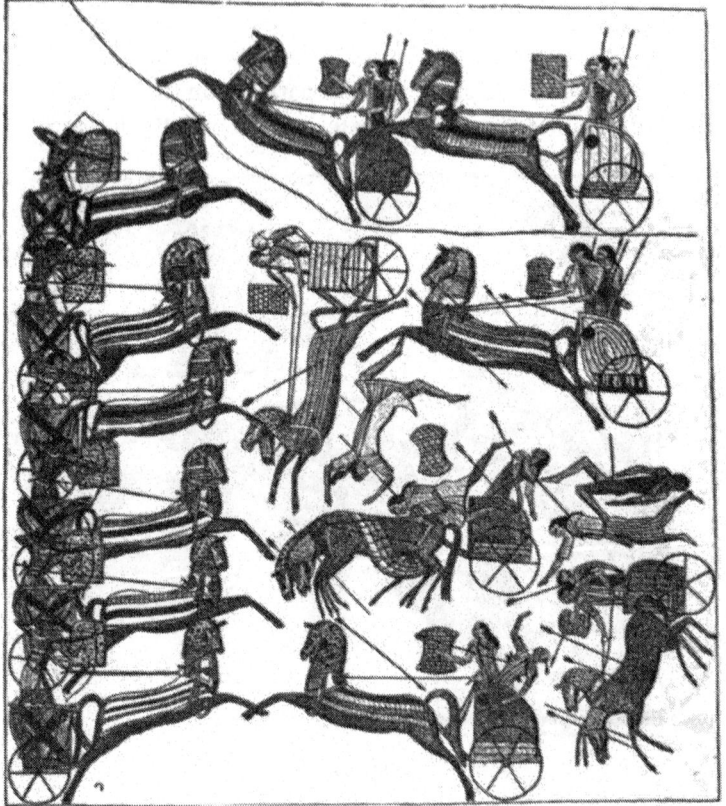

Fig. 75.

La première représente le roi Ramsès chargeant l'ennemi.

La seconde montre la charge de la charrerie des Égyptiens armés d'arcs contre la charrerie des Hittites armés
de lances, à la bataille de Qodshou.

Les Égyptiens usaient des chars non seulement pour la guerre, mais aussi pour la promenade ou les cérémonies publiques, ainsi que le prouvent les figures 70 et 76. Cette dernière représente une reine d'Éthiopie en visite chez un Pharaon.

Fig. 76.

Nous avons dit à propos des roues pleines que les Égyptiens ont eu aussi des chariots funéraires à roues pleines. La figure 77 montre qu'ils ont adopté également

Fig. 77.

les roues à huit rais pour cet usage. Le dispositif de ce char est à rapprocher de celui de l'ex-voto des Pharaons en or et bronze dont nous avons parlé plus haut.

On remarquera, dans les figures 71 et 73, que la jante est composée de deux parties, l'extérieure, dans la figure 73, étant notablement plus épaisse que l'intérieure.

Nous avons vu que les Égyptiens avaient l'habitude de
déposer auprès des momies, entre autres objets ayant ap-
partenu au défunt, les chars qui lui avaient servi.

Quelques débris de ces chars ont été retrouvés et sont
conservés dans divers musées. Ils vont nous permettre de
nous rendre compte du mode de construction et de nous
expliquer ce que représente le
double trait de la jante.

La figure 78 est la photographie d'une roue à 6 rais de
2 pieds 11 pouces de diamètre
qui, trouvée dans un Mummy-
Pit à Dashour, est conservée
dans le musée de New-York.

Ce qui frappe le plus dans
cette roue c'est, d'une part, le
mode d'assemblage des 6 tron-
çons de la jante et, d'autre part, le peu d'épaisseur du
moyeu qui ne présente, dans sa partie centrale, qu'un ren-

Fig. 78.

Fig. 79.

flement trop faible pour assurer la solidité de l'assemblage
des rais par tenon et mortaise.

La figure 79 montre des charrons égyptiens en train de préparer la jante d'une roue à 6 rais. On remarquera que ces rais présentent vers la jante un épanouissement qui ne se retrouve ni sur les dessins de chars trouvés dans les divers monuments, ni sur les roues conservées. Nous sommes donc porté à considérer ces rais comme faisant partie d'un dispositif de fabrication des jantes, et non d'une roue réelle.

La figure 80 est la restitution d'une roue de 3 pieds 1 pouce de diamètre extérieur dont les débris figurent dans la collection du docteur Abott.

La partie extérieure de la jante est en réalité un bandage épais en bois relié à la jante assez grêle par une série de bandes en cuir vert passant non pas extérieurement sur le bandage, mais intérieurement dans des fentes pratiquées à cet effet.

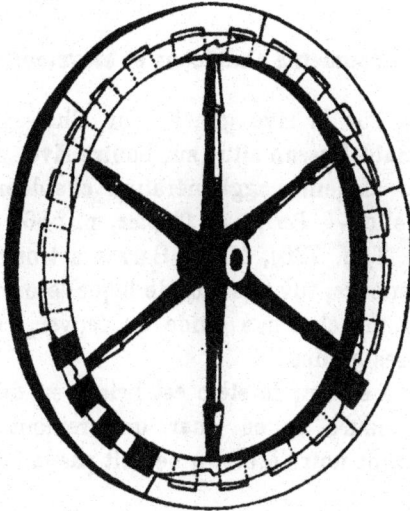

Fig. 80.

Dans cette restitution, le moyeu semble à peu près cylindrique et relativement assez peu épais comme dans la roue

conservée au musée de New-York ; les rais, terminés en
forme de coin vers la jante, sont au contraire renflés et rectangulaires vers le moyeu.

Le musée égyptien du Louvre ne possède pas de roue
complète, mais seulement un moyeu à 8 rais très bien conservé, décrit par M. Benedite dans la *Revue archéologique*
(numéro de mai-juin). Ce moyeu diffère sensiblement de
ceux qui précèdent par l'épaisseur relativement plus grande
du renflement médian dans lequel sont creusées les mortaises.

Il diffère des nôtres par la forme évasée et les rebords
arrondis de ses extrémités, ainsi que par les élargissements
que les mortaises présentent à l'entrée pour recevoir l'embase des rais.

L'intérieur, noirci par la matière lubrifiante et poli par
un frottement prolongé, montre que nous sommes ici en
présence du moyeu d'un char ayant réellement servi.

Documents chaldéens et assyriens.

En 1876, sur la rive gauche du Chat-el-Haï, entre
Chatra et Saïd-Hassan situé sur l'autre rive, à l'emplacement d'une ancienne agglomération chaldéenne appelée
Sirtella (Tello — *Perrot* et *Chipiez,* p. 586) ou Largach
(*Maspero,* t. I, p. 725), M. de Sarzec a trouvé une stèle
dite des Vautours, sur une face de laquelle on voit un Roi,
debout sur un char que guide un écuyer, charger l'ennemi avec ses gardes [1].

Malheureusement, la stèle est brisée en dessous de la
partie supérieure de ce char qui remonte, dit-on, à
3000 ans avant notre ère. On ne voit pas la roue [2].

---

[1] *Maspero,* t. I, p. 607.
[2] Cependant, à la partie inférieure de la brisure, on aperçoit un contour circulaire qui pourrait bien être considéré comme un fragment de
jante si un contour analogue ne se trouvait sur une autre face de la stèle
avec une forme brisée, inadmissible dans une roue.

Nous avons dit précédemment qu'une peuplade asiatique, les Hycksos, dut ses succès dans l'invasion du Delta du Nil à la terreur qu'inspirèrent aux Égyptiens les chars de guerre dont elle se servait.

D'un autre côté, lorsque Thoutmès I entreprit sa campagne en Mésopotamie (1646-1625 av. J.-C.) le char de

Fig. 81.

combat était très usité chez les populations de la région arrosée par le Naharina (Euphrate).

De même, Thoutmès III, dans sa première campagne de Syrie (1591-1565), ne conquit pas moins de 924 chars de combat sur l'ennemi ([1]).

_____

[1] *Épopée homérique d'Helbig*, p. 160.

Nous n'avons pas de représentations précises des roues de chars chaldéens.

Cependant, comme le font remarquer Perrot et Chipiez à

Fig. 82.

propos de la sculpture (*Histoire de l'art, Chaldée et Assyrie*, p. 585), les caractères communs à la civilisation chaldéenne

et à la civilisation assyrienne sont si nombreux et si mar-
qués qu'il y a lieu de considérer la seconde comme la
continuation de la première.

Nous pouvons donc admettre que les roues chaldéennes
sont représentées par les roues assyriennes.

Les premiers dessins de ces roues se trouvent sur les
monuments élevés par les rois de Calach (Nimroud) qui
ont précédé Sargon et ses successeurs.

Sur un bas-relief de Teglath-Phalasar, le dernier roi de
Calach (747-725 av. J.-C.), qui nous ait légué des monuments, nous voyons (fig. 81) un char dételé, couvert d'une
housse, pourvu de roues à quatre rais.

Le bandage de ces roues est figuré par deux cercles; les
moyeux sont cachés par la draperie.

Dans un bas-relief de Koioundjick (fig. 82), on aperçoit,
au-dessous d'un groupe d'édifices, un chariot de transport
de marchandises dont les roues n'ont que quatre rais et où
il n'est point figuré de moyeu ni même d'essieu.

Une roue identique se retrouve dans un bas-relief du

Fig. 83.

palais d'Assourbanipal comprenant un défilé de captifs
(fig. 83).

Les figures 84 et 85, tirées des planches 17 et 33 de
Layard (Monuments de Ninive), représentent des roues à

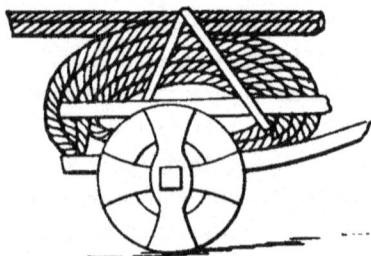

Fig. 84.

Fig. 85.

quatre rais en usage chez des peuples vaincus par les
Assyriens.

La figure 84 surtout est fort curieuse, car elle reproduit
le dispositif de madrier diamétral de la roue de Mercurago
(fig. 56).

Sur les plaques en bronze qui décoraient les portes
d'Imgour-Bel (Balawat) datant de Salmanazar, on voit
plusieurs chars dont les roues sont à six rais (fig. 86).

Le bandage semble former un gros boudin ; les rais
sont relativement grêles. L'emplacement du moyeu est
bien distinct et l'essieu est représenté par un petit trou.

Dans le cortège royal du roi Sargon figuré sur les bas-

Fig. 86.

reliefs de Korsabad, on voit deux hommes portant un

char. Les roues à huit rais ont un essieu et un moyeu
assez gros ; la jante est représentée par deux cercles dont
les deux extérieurs sont plus largement espacés que les
deux intérieurs.

Rien ne relie ensemble les deux zones de la jante. Il n'y

Fig. 87.

a pas non plus de clous extérieurs, indiquant l'existence
d'un bandage.

Des roues à huit rais comme celles du char porté dans
le cortège royal de Sargon se retrouvent :

Dans un convoi de prisonniers d'un bas-relief de
Koioundjick (fig. 87) ;

Dans une stèle figurée sur le roc à Koioundjick (*Perrot
et Chipiez*, p. 272, fig. 112) ;

Enfin, dans un bas-relief du palais d'Assourbanipal, au
même endroit, on voit un char dételé d'apparence rus-
tique, à douze rais, dont le moyeu et l'essieu sont très gros
et dont la jante présente le même aspect que dans les roues
précédentes.

Dans un bas-relief où Sennachérib est figuré à la tête de
son armée (fig. 88), les roues du char royal sont à huit
rais ; on aperçoit à l'extérieur du bandage une série de
clous saillants — bien visibles surtout dans la partie de la
jante placée à gauche, entre les deux premiers guerriers.

L'assemblage des rais et du bandage intérieur est à

Fig. 8.

noter ainsi que l'extrémité de l'essieu.

Dans un autre bas-relief du palais d'Assourbanipal, nous

Fig. 89.

voyons un char avec quatre combattants dont la roue à

huit rais n'a pas de bandage à clous saillants, mais où les tronçons de la jante extérieure sont reliés à la couronne intérieure recevant les rais par deux groupes diamétraux de deux liens.

Le moyeu est assez gros ; l'essieu paraît très petit.

Dans un bas-relief représentant Assourbanipal attaqué dans son char par des lions, les roues à huit rais ont à la fois deux groupes diamétraux de deux liens et un bandage à clous saillants.

Il en est de même sur le bas-relief représentant Assourbanipal sur son char (fig. 89).

Ici, comme dans la figure 88, un guerrier tient le rais supérieur de la main gauche.

La position de ce guerrier est à rapprocher de ce que dit le voyageur chinois Hiouen-Thsang qui visita l'Inde.

A la page 58-59 de sa critique de la traduction de G. Pauthier, Stanislas Julien veut qu'on remplace les phrases de cet auteur par les suivantes

« Un général assis sur un char est chargé de les com-
« mander.

« Des soldats rangés le protègent de tous côtés. Ils ai-
« dent les roues (en les poussant et soutenant les rais) et
« maintiennent le moyeu. »

Documents perses.

Après la conquête de l'empire assyrien par Cyrus, l'art de construire et d'utiliser les chars de guerre subit une modification profonde.

Xénophon nous apprend en effet que Cyrus leur adapta des faulx qui rendirent leur action plus efficace sur l'ennemi. Nous n'avons malheureusement aucun renseignement précis sur ces chars.

Les Perses, après avoir brillé par leur vie frugale, semblent s'être laissé gagner, comme tous les peuples conquérants, par la vie douce et molle des peuples conquis.

La figure 90 représente, dit-on, une Harmamaxa ou chariot luxueux à quatre roues des anciens Perses.

Fig. 90.

On remarquera que les roues de devant ne pouvant passer sous la caisse, ne devaient avoir qu'un déplacement

Fig. 91.

très faible, en vue duquel on leur donnait un diamètre un peu plus petit que celui des roues arrière.

Si nous n'avons aucune représentation des roues des chars en usage du temps de Cyrus, on trouve sur les murs de Persépolis plusieurs représentations de chars, avec roues à huit rais, employés par ses successeurs.

Sur la figure 91 nous voyons que la roue de cette époque avait comme la roue assyrienne des clous saillants fixant un bandage, mais que la jante était simple et ne comportait aucun groupe de liens. De plus, les rais présentaient vers le milieu un renflement. Ces traits caractéris-

Fig. 92.

tiques se retrouvent dans le cachet de Darius (fig. 92) et dans les chars gravés sur les monnaies de Darius; seule-

Fig. 93.

ment ici les renflements des rais sont placés bien plus près de la jante (fig. 93).

Fig. 96.

Les fouilles de Pompéi ont mis au jour en 1837 une mosaïque, copie d'un tableau exécuté, dit-on, à Alexandrie et représentant une des batailles d'Alexandre le Grand contre Darius. Cette mosaïque (fig. 94), dans laquelle la roue du char de Darius présente tous les traits signalés plus haut, nous donne des renseignements précis sur la forme et la nature du renflement des rais.

Ce motif d'ornementation des rais est entièrement diffé-

Fig. 95.

rent de celui en usage dans les roues assyriennes. Il rappelle au contraire beaucoup les anneaux des appliques métalliques des rais d'un char gaulois trouvé dans une sépulture de 600 ans avant notre ère, autant du moins que l'on peut en juger sur la restauration tentée au musée de Saint-Germain.

Documents phéniciens.

Pour les archéologues, la civilisation des Phéniciens, peuple de race sémitique, procède de celles des Égyptiens et des Assyriens avec lesquels les besoins de leur vie commerçante les ont mis si souvent en contact.

Cependant, la forme caractéristique des roues de leurs chars ne rappelle en rien celle des roues égyptiennes. Elles semblent avoir emprunté aux roues assyriennes leur

Fig. 96.

aspect massif dû à la grosseur relative du moyeu et de la jante, comme on peut en juger sur les figures 95 et 96.

D'après les chars figurés sur le sarcophage d'Amathoute auxquels on attribue sinon une exécution, du moins une inspiration phénicienne, les rais seraient un peu plus grêles.

Le char représenté sur un des œufs d'autruche gravés, trouvés dans une sépulture à Vulcie (Étrurie), auxquels on attribue une origine phénicienne, devrait faire considérer la roue phénicienne comme se rapprochant de la roue primitive grecque.

Nous avons adopté le type de roue représenté dans les figures 97 et 98 parce qu'il est identique à celui que l'on

Fig. 97.

Fig. 98.

retrouve dans un bas-relief romain assez grossier représentant un char traîné par des éléphants (fig. 99). Ce char

Fig. 99.

est évidemment d'inspiration, sinon même de fabrication carthaginoise.

Documents hétéens ou hittites.

Avant de quitter les civilisations de l'Orient, nous croyons bon de donner quelques roues hétéennes ou hittites.

Nous en avons vu (fig. 74) un échantillon d'après les monuments égyptiens où Ramsès II a fait représenter ses victoires sur ce peuple si détesté de ses sujets.

La figure 100 nous donne, d'après un cylindre hétéen, la

Fig. 100.

roue d'un char royal traîné par des lions, dès lors un peu mythologique et par conséquent de forme archaïque. La roue est à quatre rais, à jantes multiples et très larges.

Fig. 101.

La figure 101 montre un char à huit rais qui paraît,

dans son ensemble, comme dans ses détails, d'inspiration assyrienne.

Documents grecs.

Les premiers renseignements que l'on possède sur les roues grecques proviennent des stèles, remontant au xve siècle av. J.-C., trouvées dans les fouilles de Mycènes. La figure 102 nous montre une roue à quatre rais, rappelant les roues des peuples vaincus, dessinées sur les monuments assyriens. Exécutée très grossièrement, cette re-présentation de la roue grecque ne donne qu'une idée assez vague de la forme des rais.

Fig. 102.

La figure 103, qui est la reproduction d'une pierre gravée de style mycénien, nous montre la roue à quatre rais sous un aspect mieux défini. Le moyeu est bien net et les rais paraissent plutôt cylindriques que méplats.

Les Chants homériques, que l'on présume avoir été composés du ixe au viiie siècle av. J.-C., parlent bien des diverses parties de la roue,

Fig. 103.

mais ne donnent aucun renseignement sur le nombre des rais dans les roues des chars de guerre ou des chariots.

Dans le Chant V, Homère dit : « Hébé adapta rapide-« ment aux deux côtés du char de Junon, autour de l'es-« sieu de fer, les roues recourbées, garnies de huit rayons « d'airain. Un or incorruptible en formait les jantes recou-« vertes de cercles d'airain bien ajustés ; les moyeux ar-« rondis des deux côtés étaient d'argent. »

Du moment que les roues d'un char aussi merveilleux

avaient huit rais, il est probable que les roues des chars
ordinaires en avaient moitié moins.

Cette hypothèse est corroborée par ce fait que, dans les
fouilles d'Ilios, Schliemann a rencontré un ex-voto formé
d'une roue en plomb à quatre rais ([1]).

Fig. 104.

Une autre raison peut porter à penser que telles étaient
bien les roues des chars dans la guerre de Troie. Alors
que les Égyptiens et les Assyriens combattaient sur leurs
chars munis de roues à six et huit rais, les héros d'Homère sautaient à terre pour lutter contre leurs adversaires
et ne montaient sur leurs chars que pour échapper à un
ennemi victorieux ou pour se rendre rapidement sur le
champ de bataille. Quand on réfléchit aux cahots que devait produire la flexion d'une jante relativement mince
entre quatre rais trop espacés, on conçoit très bien la différence entre la manière de combattre des Grecs et celle
des Égyptiens ou des Assyriens.

Les figures 104 et 105, reproductions de dessins tracés
sur les vases qui ont été trouvés dans les fouilles du
Dipylon d'Athènes et qui sont à peine postérieurs aux
Chants homériques, montrent la roue à quatre rais de ces
temps primitifs. On remarquera sur la figure 105 l'éva-

([1]) Ilios. *Schliemann*, p. 631, fig. 1253.

sement du rais au point où il se réunit à la jante. Cet

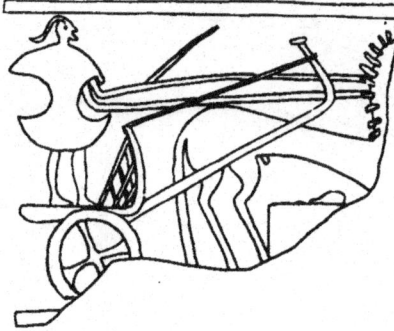

Fig. 105.

épanouissement du rais se retrouve encore plus net dans
la figure 106.

Sur les diverses poteries
connues des archéologues
sous le nom de vases à peintures noires ou à peintures
rouges, on trouve fréquem-
ment répété un dispositif de
transition pour la réunion
des rais et de la jante ainsi
qu'on peut en juger par les
figures 107, 108, 109, 110.
La roue de la figure 107 se
rattache aux roues de transition où le rais est formé par
une pièce de bois reliant
l'une à l'autre les saillies du

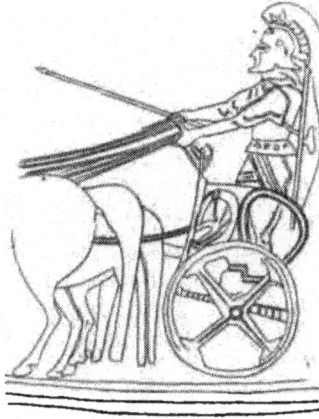

Fig. 106.

plan médian du moyeu et de la jante d'une roue formée
de trois plans de bois.

Les figures 108 et 109 donnent le mode de liaison des
rais avec un moyeu trop peu épais dans sa partie centrale
pour offrir une réunion par tenon et mortaise assez solide.
Au lieu d'employer, comme les Égyptiens, en pareil cas,

une gaine générale en cuir ou écorce, les Grecs se servaient de ligatures.

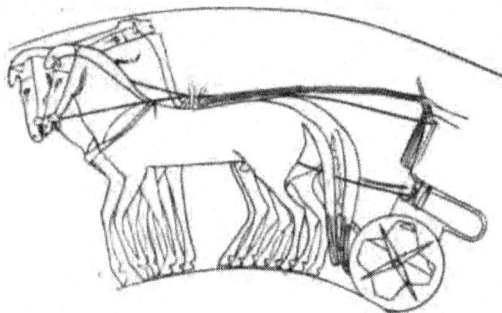

Fig. 107.

Fig. 108.

Fig. 109.

La figure 110 pourrait au premier abord faire croire

que le même procédé avait été employé pour relier le rais et la jante. L'absence de ligatures en haut et en bas porte à penser que la maladresse de l'artiste est seule cause de l'empiétement sur la jante des ligatures des rais et du moyeu.

Toutefois, dans la collection de l'Institut Archéologique de l'empire d'Allemagne (1893-1894, planche 23), la figure 196, qui est une vue de face d'une roue à quatre rais, semble indiquer que des ligatures ont pu être quelquefois employées sur la jante aussi bien que sur le moyeu.

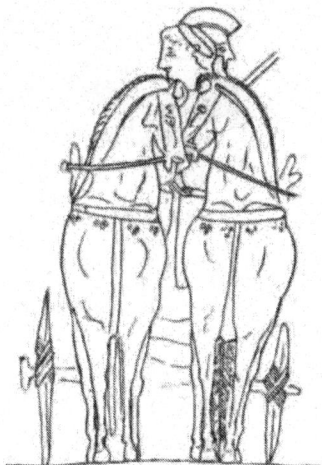

Fig. 110.

Comme derniers documents concernant les roues à quatre rais grecques, nous rappellerons que, dans les frises du Parthénon, on voit des chars avec roues de ce genre.

La figure 111 donne en détail la coupe d'assemblage de la jante et des rais dans une roue grecque. Si l'assemblage supérieur rappelle celui de la première roue de Mercurago, les trois assemblages des rais horizontaux et du rais inférieur sont taillés de la même manière illogique que dans la deuxième roue de Mercurago.

Fig. 111.

Les Grecs ont connu les roues à six et huit rais. La figure 112 montre que, comme les Égyptiens et les Assyriens, les Grecs ont employé des sortes de douilles métalliques pour relier les rais et le moyeu.

Ils ont eu aussi des roues massives entièrement en fer,

car on en possède deux trouvées dans une sépulture de
Capoue, qui remonte au vi° siècle av. J.-C.

Fig. 112.

On sait que les Étrusques ont subi tour à tour, comme
les villes de l'Italie, l'influence des Phéniciens et des
Grecs. Sur la figure 113,
qui représente un char en
bronze, ex-voto étrusque,
nous pouvons constater
que les Anciens savaient
parfaitement construire la

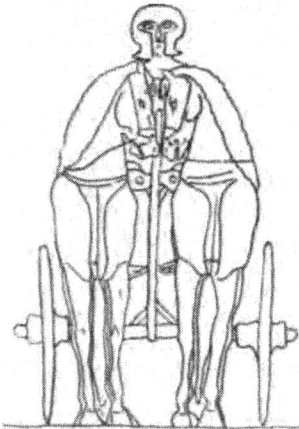

Fig. 113.

roue à huit rais. On remarquera surtout le bandage continu maintenu par quelques
clous sur la jante et l'ornement
qui se trouve à l'extrémité de
l'essieu. Le rôle essentiel de
cette pièce était d'enserrer le
bout de l'essieu en bois, de
manière à l'empêcher de se
fendre.

Fig. 114.

La figure 114 permet de se rendre compte de la manière

dont un artiste plus ou moins expérimenté représentait les
roues à moyeu normal.

Il est intéressant de rapprocher cette figure de celle
où les rais semblent réunis à la jante par des ligatures
(fig. 110). Ces trois dernières figures où le char est représenté de face montrent que les roues grecques avaient
leurs rais dans le même plan que les jantes, et que les
fusées des essieux ne présentaient aucun carrossage, étant
dans le prolongement l'une de l'autre.

Documents romains.

Les Romains ne se sont jamais servis de chars de guerre ;
mais ils semblent avoir connu les chars de voyage ou
chariots presque dès l'origine de leur ville. La légende
raconte que sous Ancus Martius, lorsque l'Étrusque Lu-
cumon vint de Tarquinia à Rome, un aigle lui enleva son
chapeau près des portes de cette ville, et tournoya quelque
temps autour de son *char*. Sa femme lui prédit alors qu'il
serait roi. Il succéda en effet à Ancus Martius sous le nom
de Tarquin l'Ancien (616 av. J.-C.).

D'un autre côté, Tite Live raconte qu'après l'assassinat
du successeur de ce dernier, Servius Tullius, par son
gendre Tarquin le Superbe, Tullia, fille de la victime,
dans sa hâte à venir saluer le nouveau roi, ne craignit pas
de faire passer les roues de son *carpentum* (¹) sur le ca-
davre de son père (534 av. J.-C.).

Chez les Grecs, nous n'avons guère eu de renseignements que sur la roue du char de cirque que les artistes
ont pris pour type du char de guerre dans la représentation des scènes homériques peintes sur les poteries. Tout
au plus trouvons-nous dans les terres cuites de Chypre

(¹) Si l'on admettait que Tite Live ne s'est pas trompé dans le nom du
véhicule de Tullia, il faudrait en conclure que les Gaulois avaient eu dès
cette époque des relations suivies avec les Romains, puisque les grammai-
riens latins font dériver *Carpentum* de *Carrum*, nom du char gaulois.

quelques indications sur les véhicules de transport rus-
tiques. Au contraire, chez les Romains, nous possédons
des documents nombreux sur les roues, tant des chars de
cirque et de triomphe que des voitures de promenade et
des chariots servant au transport des produits agricoles ou
des bagages de l'armée.

   1° *Chars de cirque.* — La figure 115 montre, d'après un
bas-relief, que même dans les pompes du cirque, la roue à
quatre rais s'était conservée pour certaines cérémonies.

Fig. 115.   Fig. 116.

   La figure 116 représente un char de cirque dont la
roue à huit rais est remarquable par le volume du moyeu,
qui permettait la liaison solide du rais et de la jante par
tenon et mortaise; il en était de même pour la jante et
le rais.

   On notera la longueur exagérée dont l'essieu dépasse le
moyeu, ce qui explique les chances de heurt désastreux
des chars lorsqu'ils se pressaient les uns contre les autres
en cherchant à tourner autour de la borne placée à l'extrémité de la piste.

   Nous retrouvons les mêmes traits caractéristiques dans
la figure 117 qui, comme la figure 116, permet de constater l'absence de toute écuanteur dans les roues.

2° *Chars de triomphe.* — Les figures 118 et 119 s'appliquent à deux chars de triomphe.

Fig. 117.

Dans la première, outre le volume du moyeu et la forme en balustre des rais, il faut remarquer les chevilles ou clous figurés sur les faces latérales de la jante.

Fig. 118.

Ces clous sont très régulièrement espacés, contrairement à ce que nous avons constaté sur des roues égyptiennes ou même grecques.

La roue de la figure 119 est remarquable par l'ornementation des rais et du moyeu. Malgré la complication de leurs lignes, les six rais nous rappellent, dans leur contour, la forme évasée vers la jante que nous avons constatée dans les roues grecques précédemment décrites.

3° *Voitures de voyage.* — La figure 120 montre une voiture de voyage. Les six rais de la roue sont très volumi-

Fig. 119.

neux; de même que le moyeu, l'essieu est peu proémi-

Fig. 120.

nent. A noter l'embase très prononcée du rais sur la jante.

4° *Chariots de transport.* — La figure 121 s'applique à un
chariot employé pour le charroi des armes et des approvisionnements de l'armée romaine dans la guerre de Trajan
contre les Daces (102 ap. J.-C.) et dans la guerre de Marc
Aurèle contre les Sarmates (174 ap. J.-C.).

La forme en balustre est fort accentuée dans les huit
rais des roues qui supportent les deux chars attelés de chevaux. Dans ces roues les chevilles ou clous correspondent

très exactement aux tenons des rais ; le double trait de la
jante peut être interprété comme représentant soit un bandage continu, soit une couronne latérale reliant les tronçons de la jante.

Fig. 121.

Dans la roue du chariot traîné par des bœufs, on ne voit
pas de moyeu dans lequel puissent se fixer les huit rais,
volumineux au point de se toucher. De son côté, l'essieu
se termine par une partie rectangulaire assez énigmatique ;
l'existence d'une clavette rend encore plus difficile l'expli-
cation de cette forme inattendue de l'extrémité de l'essieu,
car elle est contradictoire avec l'hypothèse d'une roue calée sur l'essieu.

Documents celtiques.

A propos des roues pleines, nous avons dit que la peuplade souche des peuples aryens avait connu la roue pleine.

Des médailles gauloises contemporaines de Jules César,
ou peut-être antérieures, prouvent que certaines tribus se
servaient de ces roues pendant que d'autres utilisaient les
roues à quatre, six ou huit rais.

Sur la colonne Antonine (174 ap. J.-C.) nous voyons
des chariots à roues pleines, en usage chez les Sarmates.

En ce qui concerne les roues évidées, nous avons vu que,
dans la tourbière de Mercurago, au milieu d'objets remontant à 1500 ans av. J.-C., on avait trouvé deux roues :

1° L'une (fig. 56) à madrier diamétral rectangulaire,

d'environ 75 cm de diamètre, dont le type s'est conservé jusqu'à nos jours au Portugal, au Mexique et au Brésil;

2° L'autre (fig. 60) à madrier diamétral très évidé, relié aux jantes par des contre-fiches non dirigées vers le centre. Cette roue, d'environ 84 cm de diamètre, présente un dispositif que nous avons retrouvé dans diverses poteries grecques ou étrusques.

En Suède, il existe sur certains rochers des dessins tra-

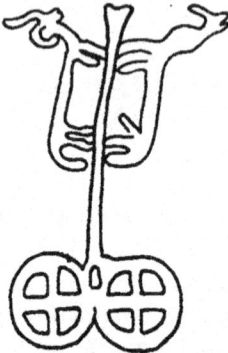

Fig. 122.

cés, dit-on, au commencement de l'âge de bronze ou même à la fin de l'âge de pierre; sur quelques-uns de ces dessins on remarque des cercles avec une croix à l'intérieur. Les uns, isolés, doivent être considérés comme des caractères ou symboles; les autres, accolés à des figures grossières d'animaux ou de chariots, représentent manifestement des roues à quatre rais, comme on peut en juger par les figures 122, 123 et 124, semblables à celles que nous retrouvons sur les monnaies gauloises.

Dans les musées de Spire et de Toulouse, on conserve des couronnes en bronze à gorge que l'on fait remonter à

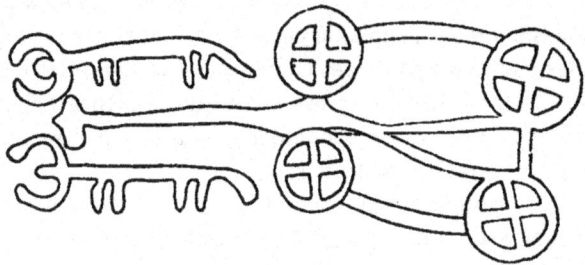

Fig. 123.

800 ans av. J.-C. Quelques auteurs les considèrent comme des ex-voto; pour d'autres, elles ont servi à relier la jante

d'une roue à son moyeu. Les uns et les autres appuient
leur opinion sur les mêmes particularités : le fond de la
gorge est plutôt polygonal que circulaire, l'intérieur du
trou central est fruste et semble n'avoir jamais subi le
frottement de l'essieu.

Ces deux particularités ne sont pas incompatibles avec
l'hypothèse d'un mode de liaison de la jante avec le

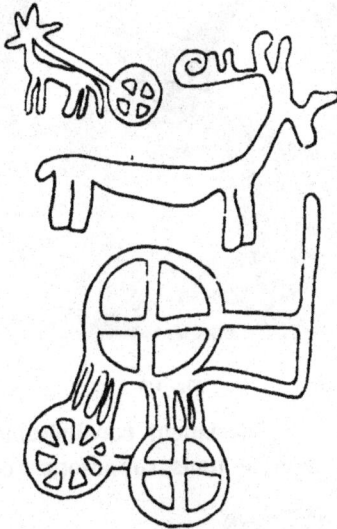

Fig. 124.

moyeu. La première même ne nous semble pouvoir s'expliquer que de cette manière :

En effet, un ex-voto, n'ayant jamais servi, peut avoir
son intérieur fruste aussi bien que la couronne ayant en-
touré un cylindre de bois dans lequel auraient tourné les
fusées ; mais on ne comprend pas d'abord pourquoi une
roue ex-voto serait à gorge, et pourquoi ensuite cette
gorge serait à fond polygonal. Au contraire, cette forme,
qui s'oppose au déplacement de la jante, nous paraît très
logique, si cette couronne a dû servir à relier la jante au
moyeu.

La figure 125, photographie d'un moulage du musée de Saint-Germain, nous montre dans cette couronne à cinq

Fig. 125.

rais la grandeur relativement considérable de la cavité centrale dans laquelle nous supposons qu'on a placé le moyeu.

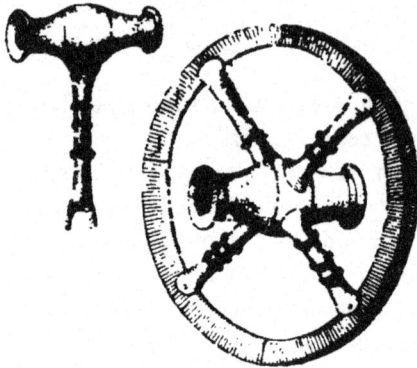

Fig. 126.

La figure 126, qui représente une couronne analogue

conservée au musée Népomucène Esterhazy à Vienne, présente un moyeu véritable. Ce caractère est encore plus marqué dans la roue, en bronze trouvée dans les fouilles du Mont Beuvray (ancienne Bibracte).

Cette roue, trouvée avec d'autres objets postérieurs à la conquête romaine (100 ap. J.-C.), est à six rais. C'est une véritable roue en bronze à moyeu bien conformé.

Dans une sépulture gauloise remontant à 800 ans av. J.-C. on a trouvé, symétriquement disposés, quatre groupes d'anneaux et de débris divers en fer. On est d'accord pour considérer les plus grands des anneaux comme les bandages continus, les plus petits comme les frettes de moyeu des quatre roues d'un chariot enseveli avec le chef, dont on a trouvé le squelette entre les quatre groupes de débris. Outre ces bandages et frettes, il y avait des macarons portant encore les clous qui les fixaient au bout de la fusée d'essieu pour l'empêcher de se fendre.

Enfin, une série de pièces indiquaient que toutes les parties de la roue : moyeu, rais et jante, étaient recouvertes de feuilles métalliques qui, sur les rais, semblent avoir été maintenues par des anneaux.

L'assemblage des revêtements du moyeu a montré qu'il y avait cinq (¹) rais comme dans les couronnes en bronze citées plus haut. Le bandage, qui n'a guère que 3 cm et demi de largeur, porte à l'intérieur deux saillies qui devaient en rendre difficile la fixation sur la jante. Au premier abord, l'étroitesse du bandage peut faire croire que la jante était de même très mince ; un examen minutieux des débris de revêtement qui s'appliquaient à la fois sur la jante et sur un rais porte au contraire à penser que la jante était beaucoup plus large que le bandage. C'est également la conclusion à laquelle conduit l'aspect de la roue

----

(¹) Ce nombre de rais qui, avec son multiple dix, semble être caractéristique des roues gauloises, se retrouve dans la roue d'une charrue (fig. 438 du *Dictionnaire des Antiquités* de Daremberg et Saglio) donnée par Pline comme inventée en Rhétie gauloise.

de la figure 127, photographie d'un bas-relief gallo-ro-
main, datant de 100 ans ap. J.-C., trouvé à Sens.

Dans une autre sépulture gauloise de 400 ans av. J.-C.,

Fig. 127.

on a trouvé dans les mêmes conditions les débris d'un
chariot à deux roues.

Enfin à La Tène, au milieu d'autres objets remontant

à 300 ans av. J.-C., on a recueilli *une roue en bois très bien conservée*.

Comme on peut le voir sur la figure 128, cette roue a

Fig. 128.

dix rais ; le moyeu présente extérieurement le même aspect que les nôtres, mais en réalité il est formé de deux
morceaux de bois demi-cylindriques réunis par des frettes.

La jante de cette roue est encore plus curieuse ; outre
un certain nombre de joints normaux qui, placés dans le
voisinage des mortaises, peuvent être en partie attribués à
des cassures, il en existe un autre où les deux tronçons de
jante taillés en biseau sont maintenus l'un contre l'autre
par deux bandes métalliques clouées ; le rais traverse la
jante à peu près au milieu de ce biseau.

Ce mode d'assemblage est trop semblable à celui des
roues Égyptiennes pour que nous puissions y voir la répa-

ration d'une avarie, assez difficile du reste à imaginer avec cette direction, surtout à travers une mortaise.

Indépendamment de tous ces documents qui nous fournissent des renseignements très circonstanciés sur les roues Gauloises, les monnaies et les médailles des diverses Tribus de la Gaule Transalpine, avant et après Jules César, donnent lieu à des rapprochements curieux, non seulement avec les dessins rupestres de la Suède, mais aussi avec les rais à forme évasée près de la jante que nous avons rencontrés dans certaines roues dessinées sur les poteries Grecques et Étrusques.

Nous trouvons notamment aux pages 94 et 114 de l'*Art gaulois,* par Eug. Hucher, des médailles où les quatre rais se terminent en V contre la jante et une autre où, à peu

Fig. 129.

près au tiers de sa longueur, le rai est relié à la jante par deux petites contre-fiches symétriques (fig. 129).

Les Gaulois continentaux ne semblent pas s'être servis du char de guerre, au contraire des Bretons ou Gaulois insulaires ; mais tous les peuples d'origine celtique connus des Romains sous le nom de Barbares utilisaient les chariots pour transporter les femmes, les enfants et les vieillards à la suite des armées, ainsi que les approvisionnements. Ces chariots, rangés en cercle autour du camp, servaient de ligne de défense. Les récits des victoires de Marius sur les Teutons et les Cimbres signalent la conduite des femmes des vaincus qui, du haut de ces chariots, repoussaient leurs maris fuyant devant les légions victorieuses.

Les roues de ces chariots étaient probablement pleines comme celles des chariots analogues des peuples de même origine vaincus par Marc-Aurèle, dont on trouve la représentation sur la colonne Antonine.

Documents du moyen âge.

Après l'invasion de l'Empire d'Occident par les Barbares, l'entretien des routes et des chemins fut de plus en plus négligé. Il arriva bientôt un moment où ils furent impraticables et l'emploi des voitures de voyage, devenu de moins en moins facile, cessa à peu près complètement vers le viii° siècle.

Les *basternes,* litières portées par des animaux, se substituèrent aux véhicules traînés. Les litières qu'employaient dit-on, certains rois mérovingiens pour se promener dans Paris étaient-elles portées par des chevaux ou par des bœufs? Nous n'en savons rien. En tout cas, dans les vers classiques :

> Quatre bœufs *attelés* d'un pas tranquille et lent
> Promenaient dans Paris le monarque indolent,

le mot en italique ne doit pas être pris dans le sens habituel qui impliquerait que ces bœufs traînaient le monarque [1].

La figure 130 représente la basterne de Vauban [2].

----

[1] Déjà, en 1817, Ginzrot (t. II, p. 280) relevait l'erreur de certains auteurs qui croyaient que la basterne était un véhicule traîné et non une litière portée.

[2] On trouve, à l'Exposition universelle, un certain nombre de litières analogues.

L'usage des voitures reprit, semble-t-il, au xiii° siècle ;
il s'accrut si vite qu'en 1294 une ordonnance de Philippe le Bel en interdit
l'usage aux bourgeoises.
Jusqu'à Louis XIII, les
femmes de qualité seules
se servirent de chars ; les
gentilshommes, ainsi que
les bourgeois, voyageaient
à cheval.

Fig. 130.

La suspension des chars
remonte à 1405 ; du moins
c'est à cette époque que le
fait est constaté pour la première fois, à l'occasion de la
seconde entrée à Paris de la reine Isabeau.

Les véhicules de transport des marchandises et surtout
des produits agricoles ne cessèrent jamais d'être utilisés ;
quel que soit le mauvais
état des chemins, un attelage, surtout un attelage
de bœufs, triomphe tou-
jours des difficultés, quitte
à ne traîner qu'une charge
assez réduite. Pour en être
convaincu, il suffit d'avoir
vu certains chemins de
traverse utilisés encore il
y a 50 ans.

Fig. 131.

Quoi qu'il en soit, dès le
xiii° siècle, le transport des
denrées était actif aux en-
virons de la capitale, puisque Étienne Boileau, dans
son livre des métiers de
Paris, donne les diverses
taxes qu'avaient à payer pour l'entretien des chaussées les

chars, charrettes et les menues voitures qui suivaient les marchés de Paris.

Voici les quelques renseignements que nous avons pu réunir sur les roues au moyen âge :

1° Roues pleines :

On conserve au Louvre un jeu d'échecs sculpté, en ivoire, dit jeu de Charlemagne, parce que la légende veut qu'il ait été envoyé à cet empereur par le sultan Haroun-al-Raschid et bien que les personnages en soient équipés comme les chevaliers normands du xi° siècle. La Tour est représentée par un homme monté sur un char à roues pleines. Chose curieuse, ces roues ont un contour octogonal (fig. 131).

Fig. 132.

Dans l'Album historique de Lavisse, on a reproduit, d'après des miniatures du temps, des balistes avec des roues pleines, soit massives, soit composées de madriers

Fig. 133.

jointifs comme nous l'avons déjà vu page 41.

2° Roues à quatre rais :

Parmi les sujets sculptés sur les miséricordes ou stalles du chœur de l'église de Corbeil, reconstruite de 1137 à 1180, se trouve une brouette dont la roue est à quatre rais (fig. 132); il en est de même pour la roue en métal fondu d'un brasero du moyen âge destiné à chauffer les édifices religieux (fig. 133).

Fig. 134.

3° Roues à rais multiples :

Dans un diptyque du xiii° siècle dit de Sens, Bacchus est représenté sur un char ayant des roues à six rais (fig. 134). Les chariots de plusieurs scènes de vendange ont des roues semblables à moyeu assez gros [1].

Dans un charivari du xiv° siècle (fig. 135), on aperçoit une brouette à deux roues à huit rais et une charrette d'enfant avec des roues analogues.

L'album historique de Lavisse donne des charrettes du moyen âge dont les roues ont huit rais.

Documents modernes.

L'invention des armes à feu, qui marque l'aurore des temps modernes, dut avoir une influence considérable sur

_____

[1] On est porté à penser que l'auteur du diptyque s'est plus inspiré des bas-reliefs gallo-romains que des objets qu'il voyait tous les jours.

la construction de la roue, organe indispensable à l'artillerie du champ de bataille.

Au moment en effet où le boulet part, le recul exerce
sur l'essieu, puis sur les roues, un effort violent. Au fur et
à mesure que la puissance de l'Artillerie a augmenté, il a
fallu accroître la résistance de l'essieu et de la roue. Pour
y arriver sans en exagérer le poids, on dut se préoccuper

Fig. 185.

de la construction rationnelle des diverses pièces : essieu,
moyeu, jante et rais.

L'étude des types de roues successivement employées
dans l'artillerie, non seulement nous fournira des renseignements précieux sur la roue, mais nous permettra,
en outre, par la comparaison d'estampes ou de croquis
trouvés dans les manuscrits du temps avec les données de
documents certains, d'acquérir quelque peu l'esprit de
prudente critique avec lequel on doit accepter les disposi-

tifs dessinés par des artistes soit plus ou moins imbus d'i-
dées d'archaïsme préconçu, soit plus ou moins habiles à
reproduire les objets qu'ils avaient sous les yeux. Souvent même, ils appliquent à un autre usage les dispositifs
de leur temps. Ainsi les artistes Grecs, à l'époque où il
n'y avait plus de chars de guerre, dessinaient d'après les
chars de course les chars de guerre des scènes homériques qu'ils avaient à représenter sur les monuments.

Roues de l'artillerie.

Nous avons déjà vu que les roues des Ribaudequins du
xv° siècle étaient pleines (fig. 36).

En 1400, on trouve sur un manuscrit allemand (fig. 136)
des roues à quatre rais jumelés embrassant le moyeu. Il y

Fig. 136.

a quelque intérêt à rapprocher ce type de rais de celui des
roues de transition grecques (fig. 107, 108, 109).

En 1410, en même temps que les roues à secteur
(fig. 53), l'artillerie employait des roues à sept et huit rais,

soit fixés au moyeu par tenons et mortaises (fig. 137), soit
réunis ensemble par des tourteaux métalliques (fig. 138).

Fig. 137.

La figure 139 est la reproduction du dessin exact de la

Fig. 138.

roue à dix rais employée en 1420-1430. Pour la première

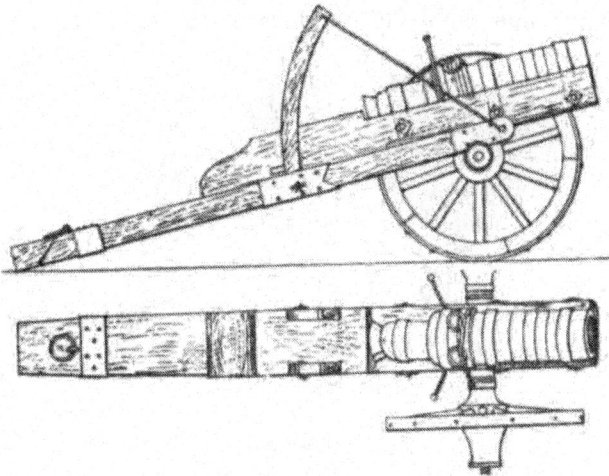

Fig. 139.

fois, les rais ne sont plus représentés dans le plan de la

jante, ils sont au contraire disposés suivant les généra-
trices d'un cône ayant la jante pour base et son sommet
sur le moyeu. Ces rais sont dits écués ou présenter de
l'*écuanteur*. Cependant les fusées de l'essieu sont toujours
dans le prolongement l'une de l'autre, c'est-à-dire que
l'essieu n'a pas de carrossage.

Le moyeu, assez volumineux, est très long comme il
convient pour un essieu en bois. Si l'on veut, en effet, que
celui-ci ne fléchisse pas trop sous l'action des chocs à pro-
venir soit des cahots de la route, soit du recul, il faut que
la partie entourée par le moyeu soit assez longue pour que
la partie comprise entre les deux roues se comporte comme
une pièce encastrée.

Le moyeu ne paraît fretté qu'aux deux extrémités ; cependant avec des rais écués, il serait rationnel d'avoir des
frettes de chaque côté des rais pour empêcher le moyeu de
se fissurer dans le prolongement des joues des mortaises
sous l'action des efforts obliques.

Le bandage semble continu, car il n'est relié à la jante
que par une seule file de clous placés au milieu de la

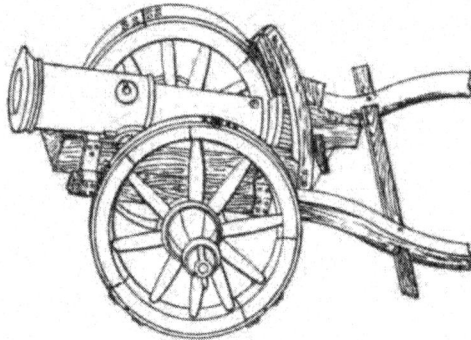

Fig. 140.

jante. Au contraire, dans la figure 140, qui se rapporte à
d'autres roues en usage à la même époque, le bandage est
discontinu.

Chose plus curieuse, le moyeu de ces dernières roues est composé d'autant de morceaux qu'il y a de rais. Ces huit morceaux sont maintenus l'un contre l'autre par quatre frettes : deux aux extrémités et deux de chaque côté des rais.

Ce mode de construction du moyeu s'est continué en Allemagne jusque vers 1530.

Dans certains dessins de roues à six rais assez grêles de 1460-1470 (fig. 141), on remarque qu'à l'aplomb du tenon de chaque rais, la jante est traversée par une cheville ou

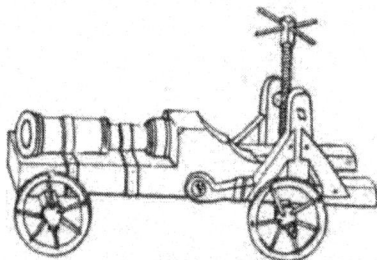

Fig. 141.

boulon comme dans les roues égyptiennes et certaines roues grecques ou romaines.

Fig. 142.

Un manuscrit de Froissart de 1468, conservé à la bibliothèque de Munich, renferme des croquis d'après lesquels, comme on le voit figure 142, les rais sans écuanteur seraient fixés sur la face extérieure de la jante ; ce dispositif insolite est évidemment une erreur commise par un dessinateur inhabile.

En 1467-1477, l'artillerie du duc de Bourgogne,

Fig. 143.

Charles le Téméraire, avait des roues à 12 rais (fig. 143) avec moyeu de douze morceaux maintenus par quatre frettes. Ces roues sont les premières représentées avec la jante consolidée par des étriers ; chacun de ceux-ci passe sous une des six bandes fermant le bandage. Ces étriers impliquent l'écuanteur des rais. Ce mode rationnel de consolidation de la jante s'est maintenu jusqu'à nos jours.

Fig. 144.

La figure 144, reproduction d'une eau-forte d'Albert

Durcr, de 1519, pourrait faire croire qu'à cette époque les

Fig. 145.

Fig. 146.

étriers passés sur le bandage étaient fixés sur les quatre

côtés par des clous. La figure 145 montre ce qui existait en réalité en 1520-1530 ; les étriers passaient bien sur le bandage, mais ils étaient simplement maintenus par des agrafes du côté intérieur de la jante.

Le rapprochement des figures 144 et 145 montre à quelles erreurs on s'exposerait si on prenait à la lettre les indications de dessins artistiques même habilement faits.

Dans la figure 146, qui représente une pièce d'artillerie de François Ier, les étriers sont groupés par couples qui passent alternativement en dessus et en dessous du bandage.

D'après le bas-relief de la bataille de Cérisoles (1544) [fig. 147], les roues de l'artillerie française de cette épo-

Fig. 147.

que avaient huit rais et des étriers dans chaque entre-rais ; le bandage manquerait. Les rais étaient grêles, la jante assez forte et le moyeu très volumineux.

Les huit rais de la roue de François Ier sont à peu près de grosseur uniforme du moyeu à la jante ; au con-

traire, dans la roue allemande de 1556 (fig. 148), les douze
rais présentent des élargissements prononcés contre la

Fig. 148.

jante et le moyeu. A noter aussi dans cette dernière roue
les bourrelets saillants formés par le rebroussement des
extrémités des tronçons de bandage.

Dans un dessin de 1560-1580, les dix rais, très écués,

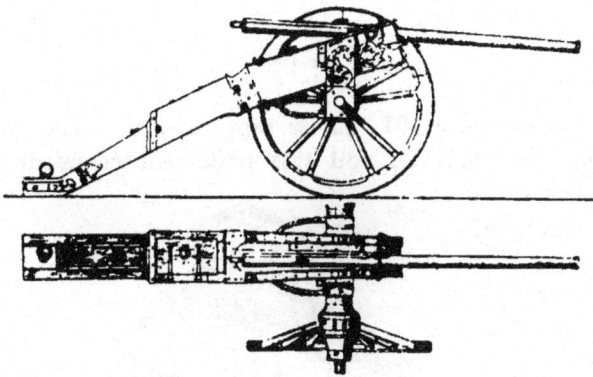

Fig. 149.

forment cinq groupes comprenant chacun deux rais séparés
par le joint des tronçons de jante (fig. 149).

Ces roues n'ont pas d'étriers ; ce doit être un oubli du
dessinateur, car dans la roue de 1578 (fig. 150), qui porte
les mêmes élégissements d'entre-rais, il existe des étriers.

Sur cette dernière roue, on remarquera la saillie des

clous du bandage ; ces clous, dits à tête de diamant, ont
persisté jusqu'au milieu du xixᵉ siècle (¹).

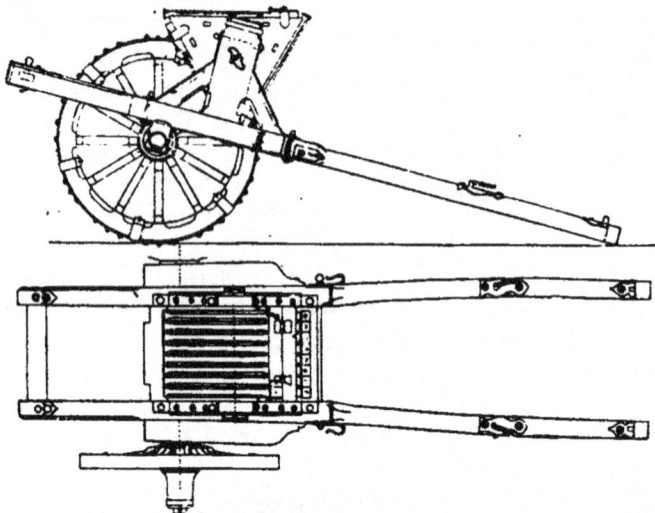

Fig. 150.

Dans la figure 151, qui se rapporte à une pièce allemande de 1635, on voit très nettement comment les

Fig. 151.

étriers s'agrafent à l'intérieur de la jante. D'après la dis-

---

(¹) Actuellement, il est expressément défendu d'employer des clous
tête de diamant. [Art. 2 du décret du 10 août 1852 sur la police du roulage.]

position des cinq clous saillants qu'on aperçoit à l'extérieur
du bandage entre deux étriers, on est porté à penser que
ceux-ci recouvraient les joints des bandes. Il y a aussi
lieu de remarquer la longueur peu ordinaire du moyeu.

La figure 152, vue d'arrière de l'affût allemand de 1680,
prouve très nettement qu'à cette époque il n'y avait aucun

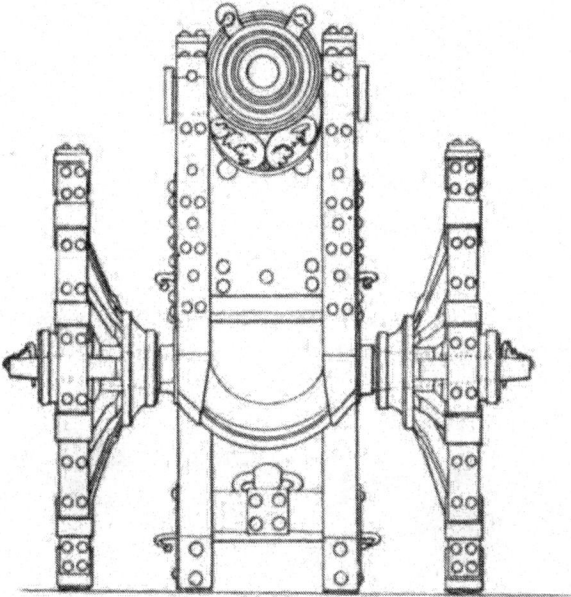

Fig. 152.

carrossage de l'essieu malgré une écuanteur assez prononcée des rais.

En France, c'est seulement au milieu du XVIIIe siècle
que l'on trouve le *carrossage* dans le matériel de Gribeauval, comme on peut le constater sur la figure 153.

Avec cette inclinaison de la fusée, les rais portent sur
le sol à peu près verticalement; dès lors leur réaction sur
la jante étant normale, il semble qu'on pourrait se dis-
penser d'étriers, puisque la jante n'est plus exposée à se

fissurer dans le prolongement des joues des mortaises pen-

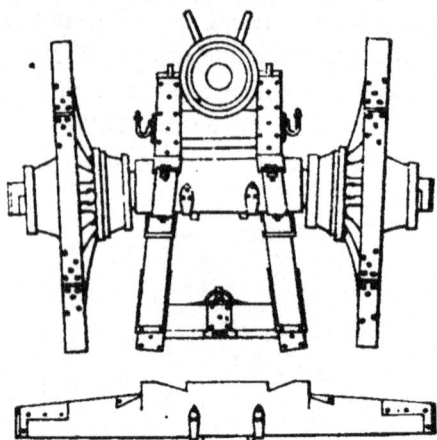

Fig. 153.

dant la marche ; mais il reste toujours la transmission oblique de l'effet du recul.

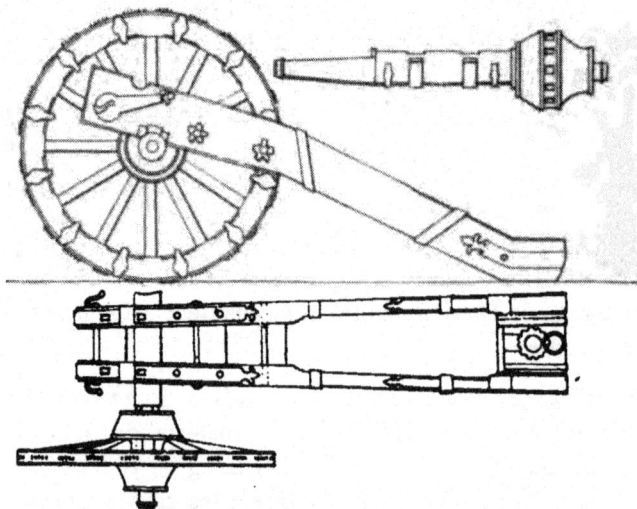

Fig. 154.

Il y a du reste lieu de remarquer que l'avantage de

faire porter le rais normalement au sol est compensé en partie par l'inconvénient de priver le véhicule de l'espèce de suspension résultant de l'élasticité du rais travaillant obliquement.

Aussi le carrossage de Gribeauval ne s'imposa-t-il pas de suite, même en France. La figure 154, tirée de l'Encyclopédie de d'Alembert, le prouve.

Non seulement à cette époque le carrossage n'avait pas prévalu dans l'artillerie, mais il n'était pas même adopté

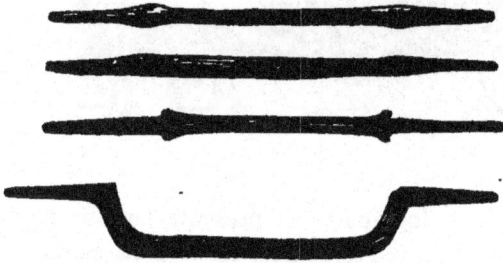

Fig. 155.

pour les voitures ordinaires. La figure 155, tirée de l'Encyclopédie, montre que les fusées sont dans le prolongement l'une de l'autre, même dans les essieux coudés.

Roues des véhicules ordinaires.

D'après la figure 156, les carrosses d'Élisabeth d'An-

Fig. 156.

gleterre rappelaient comme roues et aussi comme confort le carpentum romain.

La figure 157, tirée du *Theatrum instrumentorum et machinarum* de Pierre Bélon (Lyon, 1568), nous montre un mode de suspension tout particulier : le char, supporté par deux anneaux, peut osciller comme un pendule.

La roue, dont les rais sont surchargés d'ornements dis-

Fig. 157.

posés assez peu logiquement, présente sur les faces latérales de la jante une série de chevilles ou clous disposés de chaque côté des joints et au milieu des tronçons de jante à l'aplomb du tenon du rais.

La figure 158, tirée du même ouvrage, montre l'articulation rudimentaire de l'avant-train de cette époque.

Dans la période qui s'est écoulée du xv° au xviii° siècle, l'art du charron a su ajouter à l'héritage reçu des anciens : la *Suspension*, l'*Écuanteur*

Fig. 158.

des roues et le *Carrossage* de l'essieu.

Enfin, dans la dernière moitié du xviii° siècle, Philippe

Chièze, architecte de l'électeur de Brandebourg, construisit le premier des voitures à quatre roues pouvant tourner dans un rayon aussi faible que les voitures à deux roues. Ces nouvelles voitures furent appelées *Berlines*, du nom de la ville où elles circulèrent d'abord.

Pour obtenir cet heureux résultat, il ne suffisait pas de donner aux roues d'avant un diamètre assez faible pour qu'elles pussent passer sous la caisse ou le châssis reliant les deux essieux, il fallait aussi trouver le moyen de relier par une couronne mobile l'essieu abaissé et le châssis relevé.

La figure 159, qui donne le détail de la construction de

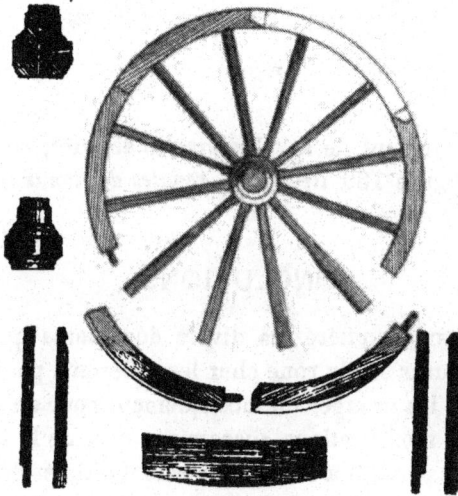

Fig. 159.

la roue à la fin du xviiie siècle, montre qu'elle était constituée comme les nôtres.

Nous arrêterons donc là l'histoire des transformations successives de la « Roue à travers les Ages ».

Nous ajouterons cependant que les essieux en bois, rem-

placés par des essieux en fer dans les voitures dès la fin
du siècle dernier, ont persisté dans l'Artillerie française
jusque vers 1825. Quant au Roulage, il les employait

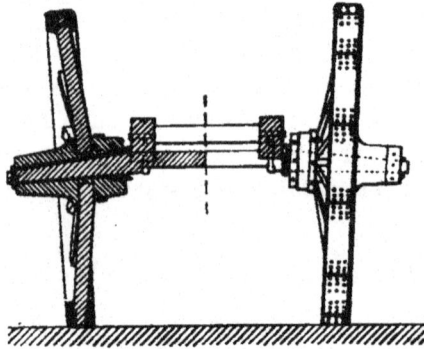

Fig. 160.

encore au moment de sa plus grande activité, comme le
prouve la figure 160 tirée des *Annales des Ponts et Chaussées* de 1832.

CONCLUSIONS

Nous avons énuméré les divers documents que nous
avons pu réunir sur la roue chez les différents peuples. Il
nous reste à les grouper méthodiquement pour en déduire
la série des modifications successives qui, de la rondelle
massive, ont conduit à une roue à rais multiples écués.

Malgré la difficulté de déterminer l'âge relatif des dessins, bas-reliefs, objets moulés ou fondus, fragments ou
débris à interpréter, nous pensons arriver à un résultat
présentant certaines garanties de probabilité.

Origine de la roue.

Il nous semble bien difficile de déterminer l'origine
de la rondelle elle-même et de savoir quel peuple a le

premier connu la roue, quel homme en a été l'inventeur.

De tous les documents anciens, seules les annales chinoises nous fournissent quelques données à cet égard, en attribuant l'invention du char à roues pleines à l'empereur semi-fabuleux Houang-ty (2697-2597 av. J.-C.) [1].

Chez les autres peuples, on ne trouve pas de légende ayant trait à l'invention de la roue. Ils semblent n'avoir attaché aucune importance à l'origine d'un objet qui leur paraissait avoir été de tout temps employé par leurs ancêtres.

Cependant une opinion très répandue chez les archéologues veut que la rondelle folle sur l'essieu dérive du rouleau. Examinons donc les hypothèses successives qu'il faut faire pour passer du rouleau à la rondelle folle sur l'essieu.

Le premier engin de transport a été le traîneau. Lorsque la charge a été trop lourde pour être entraînée par glissement, l'homme a dû interposer des rouleaux entre le traîneau et le sol.

L'usage des rouleaux a facilité le transport, mais en créant l'obligation de les reporter sans cesse de l'arrière à l'avant du traîneau.

Par suite, avant d'utiliser les rouleaux d'une manière courante, il a fallu imaginer un dispositif faisant disparaître cette sujétion, soit que l'on reliât ces rouleaux à un cadre par des axes autour desquels ils pussent tourner, soit que l'on entaillât cylindriquement le dessous des longrines du traîneau de manière à embrasser une partie de la surface supérieure des rouleaux.

Ceci fait, l'expérience n'a pas dû tarder à apprendre à l'homme que le déplacement du traîneau était d'autant plus facile que les rouleaux étaient plus gros, mais que, pour en réduire le poids tout en diminuant le frottement,

---

(1) Voir p. 30.

il devait évider ces gros rouleaux entre les deux parties
sur lesquelles portaient les longrines du traîneau.

Cette diminution du diamètre de la partie centrale rendait en outre la direction plus facile et dispensait d'aplanir
le terrain sur toute la longueur des rouleaux.

Au lieu de prendre un tronc d'arbre pour en diminuer
le diamètre dans le milieu, l'homme a dû assez vite comprendre qu'il était préférable de débiter deux rondelles,
de percer au centre de chacune un trou conique et d'y enfoncer à frottement dur les extrémités appointées d'une
branche bien droite.

D'abord solidaires de l'axe sur lequel elles étaient fixées,
les rondelles, en bois plus ou moins sec, n'ont pas dû
tarder à reprendre l'indépendance de leurs mouvements et,
du même coup, l'homme s'est aperçu que cette avarie lui
rendait plus faciles les changements de direction exigés
par les détours du chemin.

Loin de chercher à la réparer, il a dû s'empresser de
profiter de l'enseignement qu'elle lui donnait : Il a renoncé
à caler les rondelles sur l'essieu.

La roue folle était inventée.

Voyons maintenant si, dans cette série d'hypothèses,
quelques-unes ne sont pas démenties par les faits que nous
connaissons.

Le premier engin de transport a été le traîneau : Nous
l'admettons.

. Lorsque la charge a été trop lourde pour être entraînée
par glissement, l'homme a dû interposer des rouleaux
entre le traîneau et le sol.

Cela est certainement vrai pour les très lourdes charges
dont le déplacement lent donne lieu à ce qu'on appelle
des *manœuvres de force*, mais on ne connaît aucun exemple
de l'emploi des rouleaux sous un traîneau à allure un peu
rapide.

L'obligation de reporter les rouleaux d'arrière en avant
existe, mais est-elle réellement gênante ?

Non, pour les manœuvres de force, ainsi que nous en avons journellement encore la preuve sous les yeux.

Oui, pour les déplacements à effectuer rapidement.

L'homme primitif, pour faire disparaître cette sujétion, a-t-il adopté un des deux dispositifs cités plus haut?

Il paraît impossible d'admettre tout d'abord qu'il ait songé à employer la première solution, car c'est pour avoir imaginé ce dispositif que Ctétiphon et Métagènes, architectes du temple d'Éphèse (500 ans av. J.-C.), ont vu leurs noms passer à la postérité (¹).

Reste le deuxième procédé. Comme les cahots résultant d'une marche un peu rapide auraient fait sortir continuellement les rouleaux de leurs entailles, il ne put devenir pratique qu'à la condition de compléter la solidarité en plaçant ces rouleaux entre deux entailles symétriques, ainsi qu'on le voit sur la figure 16.

Mais comme, d'autre part, il fallait empêcher la pièce de bois inférieure de porter sur le sol, on eût été alors obligé de dresser les rouleaux suivant des surfaces cylindriques exactement concentriques et de rayons différents. Ceci aurait exigé l'emploi du tour horizontal, instrument inconnu de l'homme primitif.

Pour éviter cette difficulté, on pourrait reporter l'époque de la combinaison du traîneau et du rouleau après le moment où celui-ci a été remplacé par deux rondelles calées sur une branche d'un diamètre relativement faible.

Il faudrait alors renoncer à l'hypothèse d'une succession d'observateurs sagaces, éclairés par une longue pratique de la combinaison du rouleau et du traîneau, et recourir à l'intervention d'un homme assez intelligent pour avoir su reconnaître *à priori* l'utilité qu'il peut y avoir à remplacer le rouleau des manœuvres de force par deux rondelles calées sur un même axe.

Nous serions ainsi ramenés à la légende chinoise, à

_____

(¹) Voir p. 18 et 23.

Houang-ty concevant l'idée du char à roues calées sur l'essieu en voyant rouler des anémones.

Est-il d'ailleurs bien nécessaire de passer par cet intermédiaire, et ne pourrait-on pas admettre que l'homme primitif a imaginé directement et de toutes pièces la roue folle sur l'essieu ?

Il ne semble pas impossible de trouver parmi les faits journaliers de son existence celui qui a pu le mettre sur la voie de cette découverte : Dans toutes les collections d'objets préhistoriques, on trouve des pierres qui ont servi de poids pour les métiers des tisserands ou les filets de pêche ; ce sont de petits disques ronds percés d'un trou en leur milieu.

Est-il invraisemblable de supposer que, pour distraire un jeune enfant, la mère, après avoir fait rouler devant lui une de ces pierres, ait fini par la faire mouvoir en cercle en passant une brindille dans le trou ?

Si le père rentrait à ce moment en remorquant un lourd traîneau, n'a-t-il pas dû être frappé de l'économie de travail que permettait de réaliser un semblable dispositif ?

Cette hypothèse n'a rien de spécial à un groupe d'individus. Due à un fait d'observation générale, la rondelle a pu être fabriquée et utilisée un peu partout sans que son invention frappât l'imagination de personne.

Ce petit roman de la roue possède, entre autres défauts, celui de conduire bien plus naturellement à la découverte de la brouette qu'à celle du char à deux roues, l'enfant ayant pu avoir tout naturellement l'idée de mettre un de ses jouets à califourchon sur la brindille enfilée dans la pierre roulante et repliée de chaque côté de celle-ci.

Or, sauf en Chine où elle semble dater d'une haute antiquité, la brouette n'a été connue qu'à une époque bien postérieure à l'invention de la roue.

En somme, tout ce dont nous sommes certain, c'est que la rondelle massive, débitée dans un tronc d'arbre et percée d'un trou, ne dérive pas du rouleau.

Transformations de la roue.

Renonçons donc à rechercher les origines de la roue et étudions maintenant ses transformations successives.

La rondelle massive de diamètre forcément restreint a dû assez vite être remplacée par un ou plusieurs plans de madriers ou de secteurs jointifs, plus faciles à mettre en œuvre avec l'outillage rudimentaire des temps préhistoriques.

Nous allons suivre séparément l'évolution de ces deux types de rondelles massives.

Rondelle en madriers jointifs formée d'un seul plan. — Ce type a persisté à travers les âges [roue chinoise (fig. 31), roue des Tokaris et des Poulasati (fig. 32 et 33), roue des Romains (fig. 39)]. La consolidation est obtenue par une ou deux traverses appliquées normalement aux joints [roue sarmate de la colonne Antonine (p. 34), roue crétoise et roue turque (fig. 44 et 45)], ou par un bandage continu.

L'essieu ne repose pas sur la roue, mais sur une fourrure assez longue pour empêcher l'usure qu'amènerait une trop forte pression. Cette fourrure, quelquefois composée de deux morceaux de bois, est le moyeu proprement dit. On le voit très nettement, non seulement dans la roue turque (fig. 44), mais aussi dans la roue araucanienne (fig. 38) et dans la roue du char cambodgien qui est à l'Exposition du Trocadéro.

Rondelle à madriers jointifs (deux ou trois plans). — Dans ce type, la consolidation est obtenue tantôt par des groupes de traverses normales l'une à l'autre, perpendiculaires aux joints des divers plans de madriers [roue romaine (fig. 40 et 41), roue afghane (fig. 47)], tantôt par le chevillage des divers plans de madriers près de leur circonférence [roue de la province de Léon (p. 43), roue du char de l'idole de Djaggernaut (p. 42)].

Rondelles à madriers évidés. — Pour réduire le poids des rondelles, on a eu de bonne heure l'idée d'élégir les madriers en les évidant sur les joints (fig. 56).

a) — *Les madriers extérieurs seuls sont évidés.* — Dans ce type (première roue de Mercurago), le madrier diamétral est resté rectangulaire ; seuls les madriers extérieurs sont fortement évidés. Cette disposition, qui existait déjà dans l'antiquité (fig. 57), s'est maintenue jusqu'à nos jours au Brésil (fig. 58) et au Portugal.

La consolidation des madriers élégis est obtenue soit par des liens transversaux (première roue de Mercurago), soit par des ferrures circulaires (roues portugaises des chars d'Oporto).

La rondelle à plusieurs cours de madriers a été également évidée.

Nous n'en connaissons pas d'autre exemple dans l'antiquité que la roue à huit secteurs figurée sur un sarcophage en terre du musée de Berlin, trouvé à Klazomènes [1] ; mais ce mode de construction fort rationnel se rencontre encore de nos jours dans la roue asturienne (fig. 55).

Il paraît facile de passer de la roue à un seul madrier diamétral de Mercurago, à la *roue à quatre branches* des figures 81 et 111 en accolant l'une derrière l'autre deux rondelles pareilles que l'on ferait chevaucher de 90°. Mais, dans cette hypothèse, on ne devrait apercevoir que les extrémités d'un seul madrier diamétral, celles de l'autre étant cachées par la couronne de la rondelle antérieure. Or, dans les roues de la figure 81 (bas-relief assyrien) et de la figure 111 (dessin grec), on aperçoit au contraire les extrémités de deux madriers diamétraux.

Malgré la coïncidence de deux représentations trouvées dans des contrées si éloignées et appartenant à des civili-

---

[1] Planche 44 de l'année 1889 de l'*Institut archéologique de l'Empire d'Allemagne.*

sations si différentes, nous avions cru à une simple erreur
de l'artiste, lorsque tout dernièrement nous avons eu l'occasion de voir un repasseur de couteaux dont la roue rudimentaire présentait le même aspect.

Ceci s'explique par ce fait que les deux madriers diamétraux de cette roue et les quatre tronçons de madrier-
jante ne forment qu'un seul plan, les deux madriers
diamétraux étant entaillés à mi-bois dans leur partie centrale.

Les roues à quatre branches rectangulaires des figures
82, 83, 85 (assyriennes), 100 (hétéennes), 102, 103, 104
(grecques), 115 (romaines), 122, 123, 124 (suédoises),
ne sont donc pas en réalité des roues à quatre rais comme
nous l'avons dit à tort, puisque la liaison des quatre
branches avec le moyeu et avec la jante ne se fait pas par
tenon et mortaise.

b) — *Tous les madriers sont évidés.* — La seconde roue de
Mercurago (fig. 60) appartient à un autre type de roue à
madriers évidés dans lequel le madrier diamétral lui-même
est fortement élégi ; les madriers-jantes le sont encore plus,
si bien qu'il faut recourir à des contre-fiches pour les empêcher de se déformer (¹).

Ce type semble s'être conservé très longtemps en Grèce
et en Étrurie, à en juger par les figures 61, 62 et 63 (²).

Le constructeur de la seconde roue de Mercurago connaissait l'art de tracer les tenons et les mortaises, il possé-
dait l'outillage nécessaire. Il semble qu'il devait facilement arriver à la roue à rais ; il n'en a pas eu l'idée. La
roue à rais dérivant de la roue de Mercurago aurait dû

(¹) Ce qu'il y a de plus curieux dans ce type, c'est que, malgré la largeur du madrier diamétral dans sa partie centrale, ce n'est pas dans cette
partie qu'on a fait aboutir les contre-fiches de soutien, mais bien vers le
milieu du rayon, où cependant la largeur du madrier est beaucoup moindre.

Dans la seconde roue de Mercurago la fourrure formant moyeu a été
conservée. Elle se compose de deux morceaux de bois demi-cylindriques.

(²) Dans les vases Panatinaïci du volume X du *Bulletin de l'Institut*

naturellement avoir six rais. Or, c'est manifestement la roue à quatre rais qui a été la première adoptée en Égypte (fig. 70, 71 et 72), et en Grèce (fig. 107, 108 et 109), tandis que, en Gaule, c'est le nombre cinq qui semble avoir été adopté.

La rondelle formée de plusieurs plans de madriers a passé par la même phase d'élégissement, mais le plan interne a pu en outre se réduire à une simple couronne [roue asturienne (fig. 55) et roue de Sardaigne (fig. 59)].

Rondelle formée de secteurs jointifs. — a) — *Un seul plan de secteurs.* — Nous avons indiqué page 56 comment on avait été conduit à la construction rationnelle de cette rondelle composée d'un plan de secteurs embrassant le moyeu et réunis près du centre et de la circonférence par des pièces de bois formant couronnes.

La figure 64 montre comment cette rondelle peut être évidée. Mais s'ils sont trop élégis, les secteurs ont une tendance à se briser vers leur milieu; pour les réparer, il a suffi de cheviller deux morceaux de bois de part et

---

(*Corresp. archéol.*), on trouve une roue de ce type, dans laquelle le ma-

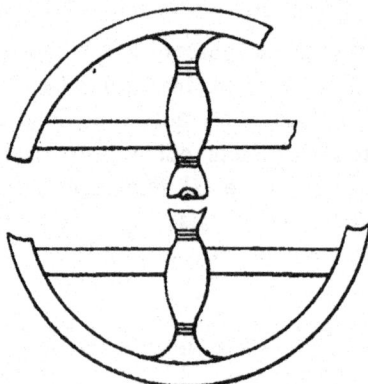

Fig. 161.

drier diamétral paraît avoir été tourné (fig. 161)

d'autre des extrémités du secteur rompu engagées dans les couronnes, d'où l'idée de construire directement la roue comme le montrent les figures 107 et 108. On a eu ainsi un type mixte.

Au lieu de débiter des secteurs, de les élégir, puis de les consolider par des pièces de bois formant couronnes circulaires, l'homme, dès qu'il a su confectionner des assemblages à tenon et mortaise, a dû comprendre qu'il aurait moins de travail à faire pour débiter des tronçons de jante et un moyeu, y percer des mortaises et y engager les extrémités des rayons en bois. Les figures 78 et 80 montrent que les Égyptiens possédaient l'outillage requis et ont su en profiter pour construire des roues ayant réellement des *rais,* mais à ce moment le moyeu assez peu épais n'offrait guère de place pour des mortaises profondes et il a fallu consolider la liaison des rais et du moyeu par divers moyens (fig. 72).

Les figures 71 et 73 portent à penser qu'il en a été de même pour la jante.

Enfin, vint le moment où l'on eut l'idée de réunir ensemble la fourrure (ou moyeu) et la couronne centrale fixant les extrémités des secteurs. Ce jour-là, le moyeu a été constitué tel que nous le comprenons actuellement.

La roue persane moderne (fig. 65), où les tronçons de jante sont chevillés sur les rais, est de ce type à secteurs évidés.

b) — *Plusieurs plans de secteurs.* — Pour diminuer le poids, on a d'abord réduit le plan intérieur à une couronne sur laquelle les secteurs extérieurs étaient chevillés.

Les figures 66 et 67 indiquent comment en Grèce et en Angleterre, ce mode de construction a été appliqué à des roues de type mixte dérivant de la rondelle à secteurs par la couronne, et de la rondelle à madrier diamétral par les rayons.

Dans la figure 66, les rayons semblent formés de deux morceaux dont la liaison n'est pas indiquée, tandis que les figures 108 et 109 nous montrent les ligatures employées par les Grecs.

Au premier abord, il est assez difficile de comprendre comment les constructeurs de ces roues ont eu l'idée de composer leurs rayons de deux morceaux.

La roue du repasseur de couteaux (citée p. 129) nous a permis de saisir l'origine de ces ligatures : sous la pression de la boîte de moyeu, le madrier diamétral trop élégi s'est fissuré en son milieu, mais il a suffi d'un lien enroulé autour du madrier pour rétablir la solidité compromise.

Dès lors, au lieu de former ce madrier d'un seul morceau pouvant se fendre, on a eu l'idée de le faire de deux morceaux réunis par une ligature.

En tout cas, quelle que soit l'origine de ce type de transition, il semble avoir été très répandu en Italie, en Grèce et en Étrurie, car c'est la roue la plus souvent représentée sur les vases de ces contrées.

Roues à rais. — Arrivé à la roue à rais véritables, nous avons à examiner successivement ses différentes parties pour en suivre les modes de construction successifs.

Le *moyeu,* qui, à l'origine, était une simple fourrure, semble avoir été composé alors de deux morceaux demi-cylindriques (fig. 60).

Ce mode de construction a persisté même avec le moyeu recevant l'about des rais (fig. 128).

Dans certaines roues modernes de l'artillerie allemande (fig. 140), le moyeu a même été formé d'autant de morceaux qu'il y avait de rais.

Les débris trouvés dans les sépultures gauloises, dont nous avons parlé page 99, prouvent que, dès cette époque reculée, le moyeu était pourvu de frettes analogues à celles que nous employons actuellement.

La forme des *rais* et surtout des tenons (pattes et broches) a souvent varié avec les époques et les civilisations. Il en est de même pour le mode de fixation sur la jante. Diverses figures montrent que, chez les Égyptiens, le rais et la jante étaient reliés par une cheville. Les figures 118 et 121 prouvent que ce mode de liaison a persisté chez les Grecs et les Romains.

On le retrouve du reste encore de nos jours, même dans des voitures de luxe, comme on peut s'en assurer à l'Exposition universelle de 1900 (sections française et hongroise).

La *jante* a été formée de plusieurs tronçons dont la coupe a souvent varié. Les figures 78 et 80 montrent qu'en Égypte on les assemblait en sifflet et que leur liaison s'effectuait par l'intermédiaire du rais.

La figure 128 tendrait à prouver que la roue gauloise de La Tène avait une jante d'un seul morceau en bois courbé au feu avec les extrémités taillées en sifflet comme en Égypte. Ce mode de confection de la jante en un seul morceau se retrouve encore en Hongrie, à en juger par les roues exposées au Champ de Mars ([1]). Dans ces roues, les deux extrémités sont coupées carrément, mais reposent sur l'embase du rais. Dans les roues cambodgiennes de l'Exposition du Trocadéro, les tronçons de jantes sont assemblés par rainure et languette.

Le *bandage* est peut-être la partie de la roue qui a le plus varié avec les temps et les pays.

En Égypte, le bandage était en bois. La figure 80 donne tous les détails désirables sur sa construction. On retrouve le même bandage en Assyrie (fig. 88 et 89). Il semble avoir persisté jusqu'à nos jours, car, dans l'Exposition du département de la Haute-Garonne, on peut voir

_____

([1]) L'artillerie de campagne allemande n'emploie plus que des roues à trois jantes seulement, et les constructeurs d'automobiles français commencent à adopter les roues à deux jantes. On peut même voir à l'Exposition universelle une roue d'artillerie russe à une seule jante.

deux roues en bois d'anciennes charrettes pourvues d'un bandage de cette espèce dont le mode d'attache est des plus primitifs (classe VII de l'Exposition).

Les descriptions d'Homère prouvent, d'autre part, que 800 ans avant notre ère, les roues grecques et troyennes avaient des bandages en airain cloués sur la jante. Le bandage métallique existait aussi chez les Assyriens en même temps que le bandage en bois. La saillie des clous a persisté comme on en peut juger par les roues d'artillerie de la figure 150 ou par certaines roues des voitures de gala du temps de Louis XV, exposées au Champ de Mars, lesquelles portent des clous à tête énorme.

Les débris, trouvés dans les sépultures gauloises, prouvent également que 600 ans avant notre ère, nos ancêtres employaient des bandages continus en fer. Ces bandages offraient cette particularité d'être très étroits et de présenter en dedans deux saillies qui les empêchaient de se déplacer latéralement. Comment les charrons de cette époque obtenaient-ils ces bandages continus d'un mètre de diamètre? C'est ce que l'état des débris conservés au musée de Saint-Germain ne permet point d'établir.

Il ne nous reste plus pour en finir avec l'histoire de la roue qu'à rappeler les roues de transition où le moyeu et la jante étaient réunis par une couronne en bronze, mode de construction qui a donné naissance à la véritable roue en bronze trouvée au Mont-Beuvray.

TABLE DES MATIÈRES

TABLE DES FIGURES

———

Nancy, impr. Berger-Levrault et Cie.

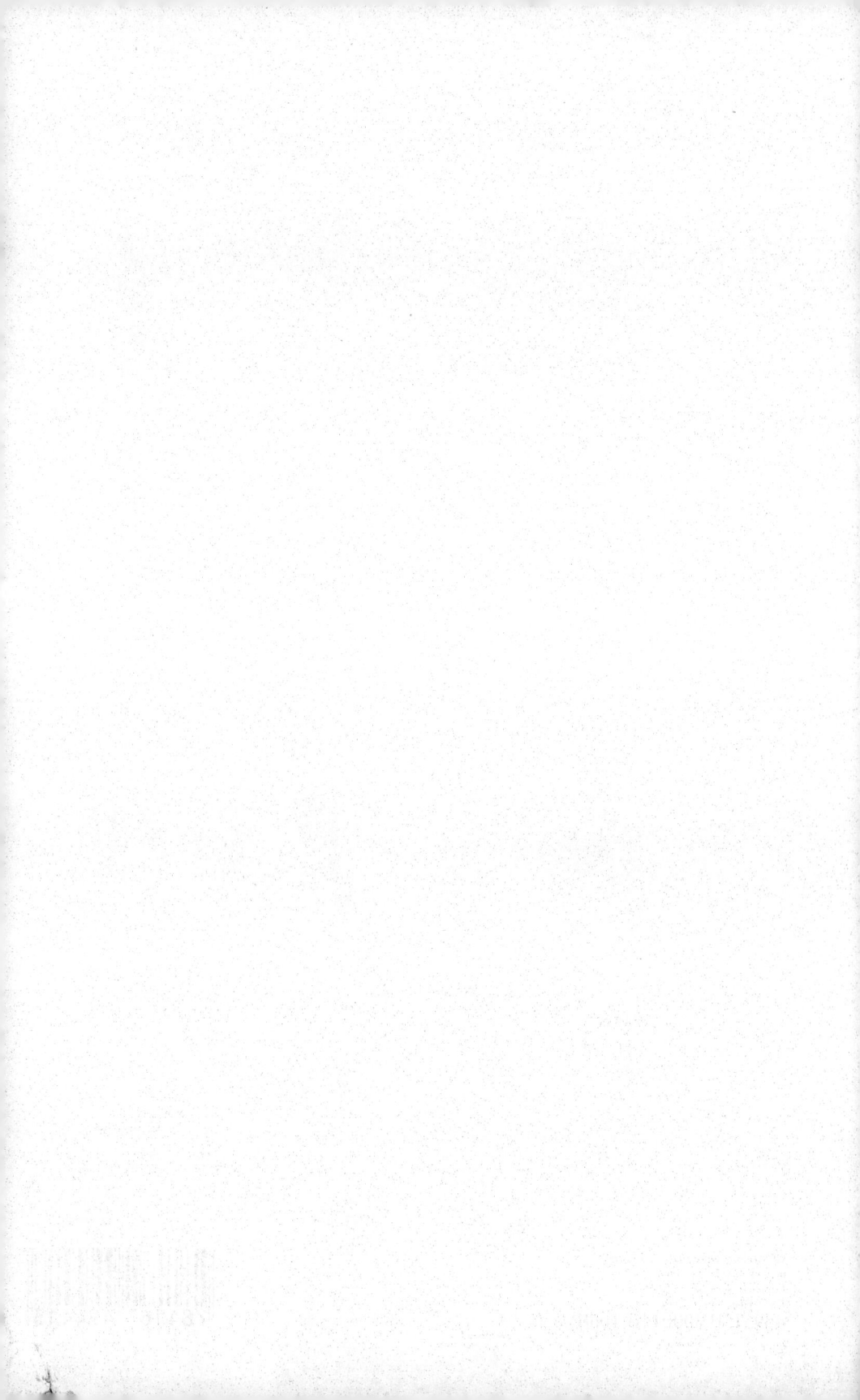

CPSIA information can be obtained
at www.ICGtesting.com
Printed in the USA
BVOW04s1939011216
469515BV00014B/106/P